CHARLES STIRI

6 | 14 JUIN 1944

OBJETS OUBLIÉS

COIFFURES DU DÉBARQUEMENT

Une Armada venue du ciel et de la mer

Le 6 juin... A Omaha, les pertes américaines s'élèvent à 4 000 hommes, dont 1 000 morts. Les Allemands ont perdu 1 200 hommes.
A l'Est de l'Orne, 1200 planeurs britanniques ont atterri, 9 000 hommes ont été parachutés ou déposés.
Sur les secteurs britanniques Gold et Sword, 25 000 et 29 000 hommes sont respectivement débarqués dans la journée.
Dans le secteur canadien de Juno, 21 500 hommes et 3 000 véhicules ont été mis à pied d'œuvre.
A Utah, les Américains ont perdu 200 hommes parmi les premiers régiments d'infanterie débarqués.
23 000 hommes et 1 700 véhicules sont opérationnels.

An army coming from sky and sea

On the 6th of June…
At the east of the Orme River, 1200 British gliders have landed, 9000 soldiers were parachuted and dropped off.
On the British areas of Gold and Sword, 25000 and 29000 soldiers disembarked.
On the Canadian areas of Juno, 21500 soldiers and 3000 vehicles were ready to start to fight.
At Omaha beach, the American losses reach 4000 people, including 1000 of them who died. The Germans have lost 1200 soldiers.
At Utah beach, the Americans lost 200 people and among them, 12 people from the first infantry regiments that landed were killed. 23000 soldiers and 1700 armored vehicles have landed.

Photo prise d'un LCVP, débarquement de renforts à Utah Beach (US Army/Heimdal)

Photo taken from a LCVP, reinforcements disembark on Utah Beach (US Army/Heimdal).

Objets d'histoire...

Vestiges oubliés, abandonnés lors des combats des premiers jours du Débarquement sur les plages normandes, toutes les coiffures présentées dans cet ouvrage sont des témoins uniques. Epopée victorieuse pour les libérateurs, déroute annoncée pour les troupes allemandes…
La période du 6 au 14 juin est décisive : les troupes alliées ont réussi à prendre pied sur les plages normandes, et ont fixé des têtes de pont indispensables à toute la logistique nécessaire pour acheminer les hommes et fournir les armes, la nourriture, le carburant et les matériels à plusieurs centaines de milliers de soldats.
Le chaos règne dans toutes les zones de combats. La phase de fixation d'une tête de pont alliée sur le sol français est décisive car déjà les renforts allemands ont rejoint le Front de Normandie. Tous ont conscience que l'issue de cette guerre se joue là en ce printemps 1944. Le 14 juin les premiers renforts allemands sont déjà durement éprouvés par les combats, notamment les troupes blindées et les parachutistes.
La bataille de Caen et la conquête de Cherbourg vont commencer.

Objects of History

Forgotten vestiges, abandoned on the beaches during the first combats of the Landing of Normandy, all the military headgears presented in this book are unique witnesses. A victorious epic for the Allies, a sign of defeat for the German troops.
The period between the 6th and the 14th of June was crucial: the allies succeeded in footing the Normandy beaches and have already fixed the beachheads, essential logistical elements to carry the soldiers and provide the weapons, food, fuel and other equipment to several hundreds of thousands of men.
Chaos reigns in every combat zone. For the allies, fixing beachheads on the French land is an absolutely decisive phase, especially because of the German backups who have already reached the Front of Normandy. All knows that the outcome of this war will be decided during spring 1944 in Normandy.
On the 14th of June, the first German backups were hardly hit during the combats, particularly by the Allies tanks and parachutists.
The battle of Caen and the conquest of Cherbourg are about to begin…

SOMMAIRE

Vestiges oubliés...

Quelle histoire racontent ces coiffures abandonnées lors des combats de Normandie en juin 44 ?

Les coiffures présentées dans cet ouvrage proviennent toutes des zones de combats du débarquement de Normandie. Adolescent dans les années 70, l'auteur parcourait la campagne pendant ses vacances. Il demandait aux paysans s'ils « n'avaient pas un vieux casque oublié dans la grange, un insigne »... Généralement bien reçu, l'auteur repartait quelquefois avec des objets poussiéreux ou rouillés. Rarement achetés, souvent donnés....
A condition d'avoir su être sympathique et convaincant (« j'aime l'histoire ! Je les nettoie et je les garderai en souvenir ! ») Et parfois insistant (« cherchons encore... il y en a peut-être un autre ? »).
Il fallait ensuite identifier les trouvailles. Peu de documentation... simplement l'avis des anciens et les photos des livres d'histoire.
Les objets sont devenus ensuite plus difficiles à trouver, un marché s'était créé... il fallait désormais débourser quelques dizaines de francs pour se les procurer.
La majorité des coiffures présentées proviennent soit de ces balades dans la campagne normande dans les années 70-80, soit d'achats auprès de brocanteurs et de collectionneurs amateurs... et heureusement aussi de quelques dons d'amis et de connaissances !

Forgotten remains...

What is the story behind the headgears abandoned during the fights in Normandy in June 44?

The headgears presented in this book all come from the combat zones of the Normandy landings. As a teenager, in the 70's, the author wandered in the countryside during his holidays. He often asked the countrymen if they had an old forgotten helmet in their barn, or a badge lying around... Generally welcomed, the author sometimes left with dusty or rusty objects, rarely bought, often given... Provided that he was convincing enough ("I love History!" "I will clean them and keep them as souvenirs"). Sometimes, he was a little persistent ("let's take another look, there might be another one"). Afterwards, the finds must be identified, with very little documentation available, and only the opinions of the elderly along with the photos in history books.
With time, those military objects became more and more difficult to find, especially since a market emerged... it became necessary to pay to obtain them. The majority of the presented headgears come either from those trips in the Norman countryside in the 70's and 80's, or they were purchased in antique shops, from collectors... and a few come from acquaintances and friends.

Deux soldats canadiens posent fièrement avec leur prise de guerre : un drapeau du Reich. (IWM/Heimdal)

Two Canadian soldiers proudly pose with their spoils of war, a Reich flag. (IWM/Heimdal)

LE CASQUE : SYMBOLE DU COMBATTANT

Le casque d'acier est le symbole même du combattant. C'est avec l'uniforme (sa couleur, sa coupe) un signe de reconnaissance pour les combattants et les civils.
Le soldat est attaché à cet équipement et très vite le personnalise sur le champ de bataille.
C'est aussi l'objet qui s'est le mieux conservé une fois abandonné... Les vêtements étaient détruits ou réutilisés (les vestes et pantalons de treillis pour le travail des champs ou à l'usine, les blousons en cuir de pilote pour faire de la moto,...), les caisses et les outils étaient réemployés jusqu'à usure, les armes détruites... ou pieusement conservées en trophée.
Et puis un casque n'a pas beaucoup d'utilité... sauf à le fixer au sommet d'un poteau pour protéger celui-ci du pourrissement ou pour servir le grain aux poules. Donc, pas d'utilité, pas de valeur : « donne-le au gamin ! ».

ORIGINE DES INSIGNES DE COIFFURE

Selon les nations, les insignes de coiffures semblent avoir eu des origines et des objectifs différents :

LES TROUPES ALLEMANDES ont fait systématiquement figurer jusqu'en août 1943 l'aigle et la croix gammée (insigne de souveraineté et symbole du nouvel empire) sur leurs casques. Puis, en raison de la nécessité de veiller à leur protection, les troupes combattantes ont très largement utilisé tous les types de camouflages possibles : peintures, branchages, couvre casques camouflés, boue,.... Parfois en laissant apparent l'aigle national bien que ce soit interdit par le règlement !

LES TROUPES ANGLAISES ET CANADIENNES ont très souvent peint ou appliqué une décalcomanie représentant des emblèmes liés à l'origine géographique des unités. Citons par exemple :
› La 43rd *Infantry Division* britannique. L'emblème représente un « Wyvern », ou vouivre, un animal fabuleux figurant sur les armes des trois monarques du Wessex.
› La 49th *Infantry Division* britannique. Un ours polaire sur un rocher rappelant la présence en Islande de la division en 1940 et 1941.
Ces insignes de « tradition » expriment l'attachement des Anglo-Canadiens à leurs origines.

LES TROUPES US adoptent des emblèmes de division exprimant des symboliques liées aux états, ou au numéro des divisions :
› La 29th *Infantry Division.* Le symbole coréen du Yin-Yan exprime à travers le gris et le bleu l'origine sudiste et nordiste des unités, unies pour affronter l'ennemi.
› La 4th *Infantry Division.* Quatre feuilles de lierre disposées en croix, qui illustrent la phonétique IV (4th ID) qui se prononce ivy (« lierre » en américain).
Mais les Américains ont aussi mis en œuvre des dispositifs de reconnaissance efficaces et simples spécialement pour le débarquement :

THE HELMET: ICON OF THE SOLDIER

The steel helmet is the very emblem of the fighter. With the uniform (its colour and cut), it is a sign of recognition for both combatants and civilians. The soldier is tied to this equipment, and he quickly customizes it on the battlefield. The helmet is also the piece of equipment that is best preserved once abandoned. Clothes were destroyed or re-used (the vests and trousers were used for farm work or in factories, the leather jackets for motorcycling...), the crates and tools were used and re-used until the end, the weapons destroyed, or preciously stored as trophies. Also, a helmet doesn't have much use... except maybe to protect the top of a pole, or to use as a bowl to feed the chickens. No practical use means no real value: "Just give it to the boy!"

THE ORIGINS OF MILITARY HEADGEAR INSIGNIAS

The headgear insignias seem to have different objectives and origins, depending on the nation they came from.

THE GERMANS *systematically used, until 1943, the eagle and the swastika (emblem of sovereignty and symbol of the new empire) on their helmets. Then, because of the need to ensure the safety of the troops, they started to use every type of camouflage possible: paints, branches, camouflaged helmet covers, mud... Sometimes, they left visible the national eagle, even though it was forbidden by the military rules.*

ENGLISH AND CANADIAN *troops have often painted, or added a decal, with emblems of the geographic origins of the units. For instance:*

The 43rd British Infantry Division. The emblem depicts a wyvern, a fantastic beast appearing on the arms of the three Wessex monarchs.

The 49th British Infantry Division. A polar bear on a rock, a reminder of the division's presence in Iceland in 1940 and 1941.

Those "traditional" insignias show how attached to their origins the Anglo-Canadians were.

THE US TROOPS *had emblems expressing the symbolic of the different states, or related to the divisions number.*
› The 29th Infantry Division used the Yin Yang Korean symbol in grey and blue to show both their northern and southern origins, combined to face the enemy.
› The 4th Infantry Division used four ivy leaves in the shape of a cross as a nod to the phonetic pronunciation of the number "IV".
However, the Americans also implemented

Omaha, la péniche d'assaut s'approche de la côte. On aperçoit à gauche un lieutenant (barre verticale blanche à l'arrière du casque) de la 1st *Infantry Division*, qui commande ses hommes. Les fusils sont protégés dans des sacs en plastique. (US Army/Heimdal)

Omaha, the landing craft approaches the coast. We see, on the left, a lieutenant (vertical white stripe on the back of the helmet) of the 1st Infantry Division, commanding his troops. The rifles are protected by plastic bags. (US Army/Heimdal)

› Les 4 as du jeu de cartes pour identifier les unités de la *101st Airborne*, une unité pour laquelle le parachutage du 6 juin fut le baptême du feu.
› L'arc de cercle sur le devant des casques des troupes ayant le droit de stationner sur les plages lors du débarquement (les autres devant monter à l'assaut.)
› Le grade d'officier (barre verticale) ou de sous-officier (barre horizontale) à l'arrière du casque (pour ne pas être repéré par l'ennemi !)
En revanche, les coiffures américaines n'ont été camouflées qu'exceptionnellement. Très peu de casques présentent des peintures de camouflage, seuls les filets à maille ayant été utilisés.

Le casque américain se compose de deux coques : une coque en fibre (casque léger ou « liner ») portée seule au repos et une coque en acier (casque lourd) portée au combat sur le liner.

Aussi, les soldats américains appliquent-ils souvent les insignes d'unité sur le casque léger mais plus rarement sur le casque lourd, celui-ci étant porté au combat. Généralement peints à main levée, les marquages respectent cependant des standards de taille et couleur. La plus grande diversité des marques distinctives concerne les troupes «spécialisées» qui opéreront lors des premiers jours du Débarquement : parachutistes, génie, unités navales,....
Avec le sous casque, « liner », les GI's disposaient d'un casque parfaitement adapté aux initiatives individuelles de personnalisation ... C'est pourquoi nous trouvons sur de nombreux liners les insignes de division, mais aussi des marquages plus personnalisés... nom, surnom, pin-up, porte bonheur, ville d'origine, nom de la bien aimée...

reconnaissance plans, both simple and efficient, specifically for the landings. For instance:
› The four aces of a deck of card to identify the units of the 101st Airborne, a unit for whom the parachute drop on June 6 was the baptism of fire.
› The semi-circle on the front of the helmets of the troops that had the right to station on the beaches during the landing (the others having to charge forward).
› The rank of officer (vertical stripe) or NCO (horizontal stripe) on the back of the helmets (to avoid being spotted by the enemy).
However, the American headgears were only camouflaged in rare cases. Very few helmets show camouflage paint, as only nets were used.

The American helmet is composed of two shells: a fibre shell (light helmet, or "liner") worn alone when at ease, and a heavy steel shell worn over the liner during combat.

Therefore, the American soldiers often paint the unit insignias on the light helmet, but rarely on the heavy one. Generally hand-painted, the marks still respect the standards in size and colours. The greatest diversity of those distinctive marks come from the "specialised" forces, who will operate in the first day of the Landings: paratroopers, engineers, naval units...
That's the reason why we find on many liners the divisions' insignias, but also things like names, nicknames, pin ups, lucky charms, hometown names, girlfriend names...

Un grenadier de la 12.SS-Panzerdivision « Hitlerjugend » dans la zone des combats. Il a camouflé son casque. (K.B. Woscidlo/Coll. G.B.)

A grenadier from the 12.SS-Panzerdivision "Hitlerjugend" in the combat zone. He camouflaged his helmet. (K.B. Woscidlo/ Coll. G.B.)

Ce très rare cliché en couleurs a été pris sur Utah Beach. Le soldat de droite, chaussé de bottes de saut, porte sur l'épaule l'insigne des brigades spéciales du Génie, ici la 1st ESB. L'homme placé derrière lui est coiffé d'un casque marqué d'un arc de cercle bleu signalant une composante non identifiée de cette brigade. (US Army.)

This extremely rare colour photograph was taken on Utah Beach. The soldier on the right is wearing jump boots, and wears on the shoulder the insignia of the Engineer Special Brigade, here the 1st ESB. The man behind him is wearing a helmet with a blue semi-circle, signalling an unidentified component of this brigade. (US Army)

1 Introduction

ET TOUTES LES COIFFURES SANS INSIGNE…

La grande majorité des casques alliés et allemands ne porte pas de marquage spécifique et se fond dans la masse des matériels abandonnés ou réutilisés après-guerre, voire parfois dans d'autres conflits.

LE DÉBARQUEMENT DE NORMANDIE RACONTÉ PAR LES COIFFURES

Présenter les coiffures collectées sur les zones de combat grâce aux insignes permet de retracer l'histoire du Débarquement.
Ces témoins oubliés permettent une approche originale des évènements en faisant le lien direct entre les troupes engagées dans les combats et le déroulement des opérations de la 1ère phase du Débarquement qui mènera les troupes alliées aux portes de Caen le 14 juin 1944.

DES MARQUAGES ÉPHÉMÈRES

Les marquages spécifiques aux troupes d'assaut américaines (et anglo-canadiennes dans certains cas) ont eu un emploi spécifique lors du Débarquement de Normandie : insignes de la *101st Airborne*, insigne des troupes du génie US,…
Dans ce cas la coiffure peut être rattachée à un moment précis du Débarquement, et à une zone identifiée.

DES MARQUAGES UNIQUES

Lorsqu'une coiffure a été retrouvée à proximité des plages du Débarquement et qu'elle porte les insignes distinctifs des divisions combattantes, alors elle devient témoin de l'histoire.

ARCHÉOLOGIE MILITAIRE ET SAUVEGARDE DU PATRIMOINE MILITAIRE HISTORIQUE

Les bunkers, les épaves et tous les ouvrages militaires sont désormais protégés et sauvegardés. Une archéologie du Débarquement est née depuis les années 90 et développe des travaux qui contribuent à enrichir notre connaissance et notre interprétation de l'histoire. Cette approche rompt avec la destruction et la dispersion des vestiges du débarquement de l'après-guerre.

MAIS QU'EN EST-IL POUR LES « PETITS OBJETS » ?

Les reliques du débarquement ont été collectées, collectionnées, vendues, achetées, déplacées… Sauf à les trouver sur site, donc en terre généralement, leur origine est impossible à tracer. Ces reliques sont donc déconnectées de leur propre histoire et probablement inexploitables pour les historiens.
Aujourd'hui il est quasiment impossible de garantir l'origine des pièces du Débarquement de Normandie présentées au public ou mises en ventes. Les témoins directs de cette période sont devenus rares.
L'originalité de cet ouvrage réside dans la provenance des pièces présentées. Toutes ont été trouvées dans une ferme, chez un particulier témoin direct de l'histoire de l'objet, ou bien récupérées auprès de brocanteurs ou collectionneurs amateurs à partir des années 70.

AND ALL THE MILITARY HEADGEARS WITHOUT EMBLEMS…

The great majority of Allied and German helmets bore no distinctive mark, and blend in the mass of abandoned or re-used materials after the war, sometimes in other conflicts.

THE NORMANDY LANDINGS TOLD BY HEADGEARS
Showing headgears taken from the combat zones thanks to the insignias allows us to trace the history of the landings. Those forgotten witnesses allow for an original approach of the events, establishing a direct link between the troops engaged in combat and the evolution of operations during the first phase of the landings, which will lead the Allied troops at the foot of Caen on June 14 1944.

TEMPORARY MARKINGS
The specific markings of the American (and Anglo-Canadian, in some cases) troops had a specific role during the Normandy landings: insignia of the 101st Airborne, US engineer troops…
In this case, the headgear can be linked directly to a specific moment of the landings, and to an identified area.

UNIQUE MARKINGS
When a headgear has been found near the beaches of the landings, and it bears the particular insignias of the fighting troops, then it becomes a witness of History.

MILITARY ARCHAEOLOGY AND PRESERVATION OF MILITARY HERITAGE
The bunkers, wrecks, and military works are now protected and preserved. An Archaeology of the landings was born in the 90's, and it develops works which contribute to expand our knowledge and our interpretation of History. This approach cuts off with the destruction and scattering of remains of the landings, that happened after the war.

WHAT ABOUT SMALL OBJECTS?
Remains of the landings have been collected, sold, bought, moved… Except if they are found on site, which generally means underground, they are impossible to trace. Those remains are therefore disconnected from their own history, and unusable by historians. Today, it is almost impossible to guarantee the origins of the pieces from the landings presented to the public, or sold. Direct witnesses of this period are now rare. The originality of this book resides in the origins of the presented pieces. They were all found in a farm, in a resident's house, or bought from junk dealers or collectors in the 70's.

L'opération Overlord

Les forces en présence lors de l'opération Overlord avaient été préparées depuis 1942 à une opération de débarquement.
Le 17 mai 1944, le « *Supreme Headquarters Allied Expeditionary Force* » (SHAEF) prend la décision de fixer le Débarquement en Normandie au 5 juin. L'opération est placée sous le commandement de l'Amiral Ramsay.
Le 1er juin, les troupes d'assaut composant la première vague embarquent.
Cent soixante messages personnels sont diffusés sur la BBC, dont les fameux vers du poème de Verlaine « les sanglots longs des violons de l'automne »
Le 2 juin, les messages personnels sont répétés. Problème : les premiers bulletins météo défavorables arrivent au quartier général du SHAEF. Pas de changement : date et heure du débarquement sont maintenues.
Le 3 juin, toutes les troupes d'assaut sont embarquées et se tiennent prêtes. Churchill invite le général De Gaulle à le rejoindre en Grande Bretagne. Le Général de Gaulle accepte et quitte Alger. Il est ainsi politiquement associé à l'opération.
Les conditions météo très dégradées sont confirmées par le chef prévisionniste du SHAEF. La planification des opérations doit être provisoirement ajournée.
La station allemande d'Urville-Nacqueville (Manche) est détruite par les bombardiers alliés. C'est la station de renseignement allemande la plus importante de l'Europe de l'Ouest et un élément-clef du dispositif.
Le 4 juin, à 4h15, le général Eisenhower décide de reporter de 24 heures le débarquement. Les convois qui ont déjà appareillé font demi-tour.
Le général De Gaulle atterrit à Northolt (dans le nord-ouest de Londres) à 6 heures du matin. En fin de matinée, de Gaulle rejoint Churchill près de Portsmouth. Celui-ci l'informe des grandes lignes de l'opération Overlord (littéralement « maître suprême »).
Dans l'après-midi, De Gaulle et Churchill rejoignent Eisenhower dans son quartier général de Southwick House, maison de maître située juste au nord de Portsmouth dans le Hampshire.
La tempête se déchaîne sur le sud de la Grande Bretagne... La décision définitive d'engager l'opération est renvoyée au lendemain matin.
Le 5 juin, à 4h15, une accalmie de 36 heures est annoncée par les météorologues.
Le débarquement aura lieu à l'aube le lendemain matin.
Dans le sud de la Grande Bretagne plus de 4 000 navires et péniches prennent la mer en fin d'après-midi. L'opération Overlord est lancée !
Le matin même, Rommel, commandant en Normandie du groupe d'armées B, quitte la Roche-Guyon (Val d'Oise, près de Vernon) pour

Operation Overlord

The present forces during Operation Overlord were prepared since 1942 to a landing operation.
On May 17 1944, *the "Supreme Headquarters Allied Expeditionary Forces" (SHAEF) decide to set the day of the Landings on June 5. The operation is placed under the command of Admiral Ramsay.*
On June 1st, the assault troops composing the first wave embark. One hundred and sixty messages are broadcast of the BBC, including the verses of the famous Verlaine poem "les sanglots longs des violons de l'automne" ("the long sobs of autumn violins").
On June 2nd, *the personal messages are repeated. Problem: the unfavourable weather broadcasts arrive at the SHAEF headquarters. The planning of operations must be temporary adjourned. No changes: the date and time of the landing is maintained.*
On June 3rd, *all the assault troops are embarked and stand ready. Churchill invites General De Gaulle to join him in Great Britain. The latter accepts and leaves Alger. He is then politically tied to the operation.*
The bad meteorological conditions are confirmed by the chief forecaster of the SHAEF. The planning must be temporarily adjourned. The German station of Urville-Nacqueville (Manche) is destroyed by Allied bombers. It is the most important German intelligence station in all of Western Europe, and a key element of the system.
On June 4, *at 4:15 a.m., General Eisenhower decides to delay the landing for 24 hours. The already landed convoys turn back. General De Gaulle lands in Northolt (northwest of London), at 6:00 a.m. In the late morning, De Gaulle meets Churchill near Portsmouth. The latter informs him of the broad strokes of Operation Overlord. In the afternoon, De Gaulle and Churchill meet with Eisenhower in his general HQ of Southwick House, a house located north of Portsmouth, in*

Des parachutistes anglais montent à bord d'un Albemarle, un bombardier transformé sur lequel ont été peintes grossièrement des « bandes d'invasion ». Ces hommes feront partie de la première vague, larguée à 0 h 20 sur la Normandie. (IWM/Heimdal)

Paratroops prepare to climb aboard a Albermarle bomber. These men would form part of the first wawe, dropped at 00 :20 into Normandy. (IWM/Heimdal)

Bandelettes de papier aluminium dispersées par avion la nuit du 6 juin pour brouiller les détections des radars allemands. Elles sont posées sur une carte en soie de parachutiste américain, utilisée comme foulard.

Aluminium stripes scattered by the planes, in the night of June 6, to mess with the Germans detection systems. They are on an American paratrooper's silk map, used as a scarf.

Hampshire. The storm rages in southern Great Britain... The definitive decision to launch the operation is retarded until the next day in the morning.
On June 5, *at 4:15 a.m., a 36 hours lull is announced by the weather forecasters. The landing will take place at dawn the next day. In the south of Great Britain, more than 4 000 ships and landing crafts proceed to the sea. Operation Overlord has begun!*
On the same morning, Rommel, commander in Normandy of Army Group B, leaves la Roche-Guyp, (Val d'Oise, near Vernon), to join his spouse in Germany, and on the same occasion meet with Hitler to ask him for armoured reinforcements in Normandy.
At 9:15 p.m., *the BBC broadcasts 210 personal messages destined to set the armed actions in France (and not only in Normandy) in motion. "Il fait chaud à Suez", followed by "Blessent mon coeur d'une langueur monotone"... the guerilla against the enemy is engaged!*
Sabotage operations begin immediately. The railroad lines Paris-Cherbourg, Saint Lô-Coutances, Paris-Granville, Caen-Bayeux, and Caen-Vire are dynamited.
General Eisenhower gets to the boarding point of the 101st US Airborne Division. He meets and encourages those elite troops who will be parachuted in a few hours on Cotentin.
9:30 p.m., *German counter-spying having detected the second half of the message launching the guerilla, "Blessent mon coeur d'une langueur monotone", immediately informs Marshal von Rundstedt, Supreme Commander in the West, that the Allied landing has begun!*
11:30 p.m., *the bombing of the Norman shores begin. The 2nd French regiment of parachutist hunters jumps, commanded by Colonel Bourgoin, near Saint-Marcel, in Brittany. Mission: lead 20 000 maquisards ready to fight. In the night of the 5th to the 6th June, "diversion" operations pop up everywhere. On the shores of Pas-de-Calais, aluminium bands destined to scramble the German radars are launched, and many naval diversion operations are launched. On Saint-Lô, southwest of Caen, and east of the Dives, "Ruppert" dolls (popularised by the movie "The Longest Day") are dropped, to create the illusion of massive parachute drops. SAS men simultaneously organise diffusions of loud combats and explosions.*
On June 6, Operation Overlord begins, in the early hours of D-Day.
British and American airborne divisions are dropped on Cotentin, and on the Orne river mouth. The objective is to ensure the mastery of those areas, by establishing bridgeheads necessary to the evacuation of the beaches and to the stocking of invasion materials.
From June 7 to 14. *From the consolidation of bridgeheads to Caen the inaccessible. The Allies have put all their land and air forces to secure the bridgehead established on June 6. This phase is essential to the success of the conquest of Europe.*
On June 14, Caen is in sight.

rejoindre son épouse en Allemagne et rencontrer par la même occasion Hitler afin de lui demander des renforts de troupes blindées pour la Normandie.
A 21h15, la BBC diffuse 210 messages personnels destinés à déclencher les actions armées contre les troupes d'occupation en France (et non pas seulement en Normandie). « Il fait chaud à Suez » suivi de « Blessent mon cœur d'une langueur monotone »... la guérilla contre l'ennemi est engagée !
Les sabotages commencent aussitôt. Les lignes ferroviaires Paris - Cherbourg, Saint Lô - Coutances, Paris – Granville, Caen - Bayeux, Caen – Vire sont dynamitées...
Le général Eisenhower rejoint le point d'embarquement de la 101e division aéroportée US. Il rencontre et encourage ces troupes d'élite qui vont être parachutées d'ici quelques heures sur le Cotentin.
21h30, le contre-espionnage allemand ayant repéré la deuxième partie du message lançant la guérilla, « Blessent mon cœur d'une langueur monotone », informe aussitôt le quartier général du maréchal von Rundstedt, Commandant en chef à l'Ouest, que le débarquement allié est lancé !
23h30, le bombardement des côtes normandes débute.
Le 2nd régiment français de chasseurs parachutistes saute, avec à sa tête le colonel Bourgoin, près de Saint-Marcel en Bretagne. Mission : Encadrer 20 000 maquisards prêts au combat.
La nuit du 5 au 6 juin, les opérations de « diversion » se multiplient. Sur les côtes du Pas de Calais des bandelettes d'aluminium destinées à brouiller les radars allemands sont lancées et diverses opérations de diversions navales sont menées.
Sur Saint-Lô, au Sud-ouest de Caen, et à l'Est de la Dives des poupées « Ruppert » (rendues populaires par le film « Le Jour le Plus Long ») sont larguées pour faire croire à des parachutages massifs d'hommes. Des hommes des Special Air Service organisent simultanément des diffusions sonores de combats et d'explosion.
Le 6 juin, l'opération Overlord commence dès les premières heures du jour J.
Les divisions aéroportées US et britanniques sont parachutées sur le Cotentin et sur l'embouchure de l'Orne.
L'objectif est d'assurer la maitrise des zones en établissant des têtes de pont nécessaires à l'évacuation des plages et au stockage des matériels d'invasion.
Du 7 juin au 14 juin
De la consolidation de la tête de pont à Caen l'inaccessible.
Les alliés ont mis toutes leurs forces terrestres et aériennes pour consolider la tête de pont établie le 6 juin. Cette phase d'ancrage sur le territoire normand est déterminante pour réussir de la conquête de l'Europe.
Le 14 juin, Caen est en vue.

Débarquement du 48e Commando à Saint-Aubin-sur-Mer vers 9h15 le matin du 6 juin.(IWM).

Landing of the 48th Commando at Saint-Aubin-sur-Mer, by 9 :15 on D-Day. (IWM)

Les codes du Débarquement

• **pour les plages américaines**, le nom d'un État (Utah) et d'une ville du Nebraska (Omaha) d'où sont originaires deux sous-officiers ;
• **pour les plages anglo-canadiennes,** les noms abrégés de poissons : *Goldfish* (poisson rouge), *Swordfish* (espadon) et *Jellyfish* (méduse). Ce dernier nom, dont l'abrégé Jelly correspond à de la confiture est finalement abandonné car jugé peu sérieux, pour *Juno*, qui est le prénom de l'épouse d'un officier.

C'est au début de 1943 que le général Frederick Morgan, chef d'état-major du commandement suprême des forces alliées, commence, avec son état-major, à mettre en œuvre la plus vaste opération militaire de tous les temps : le débarquement sur les côtes de la « forteresse Europe ». Cette opération devait être désignée sous un nom de code. L'*Inter Service Security Bureau* est responsable de cette attribution. Il était en effet primordial que chaque opération secrète reçoive un nom secret parfaitement clair et sans possibilité de confusion... Avec le grand nombre d'opérations, hors et en Europe dont la Méditerranée, et dans le Pacifique, un seul nom restait disponible parmi ceux sélectionnés et enregistrés : « *Mothball* », qui signifie « *boule de naphtaline* » en français.

On peut imaginer la réaction de Churchill... « Vous n'allez tout de même pas me dire que cette bande de fichus dingues tient à ce que nos petits-enfants se souviennent de l'opération qui a libéré l'Europe sous le nom de Naphtaline ? Puisqu'ils sont incapables de me dénicher un meilleur nom de code pour notre débarquement, je vais le trouver moi-même, nom de Dieu ! »... Et Churchill a pointé son cigare vers le plafond, puis a baissé le menton et aboyé :

Overlord ! On va l'appeler Overlord !

En Angleterre, un « Overlord » est le suzerain de ses « lords » vassaux. C'est le « seigneur souverain »... L'opération « Overlord » est entrée dans l'Histoire comme l'Operation «Souverain».

Un ensemble de problèmes restait à résoudre : choisir le site du débarquement et ses dates possibles, déterminer les moyens techniques pour amener les hommes et le matériel, créer les instruments pour augmenter leur sécurité, établir le rôle à attribuer à la Résistance, garder le secret et développer les manœuvres d'intoxication des services ennemis afin qu'ils croient en un débarquement à Calais (Opération Fortitude).

Il fallait également préparer la suite et le succès de l'avance alliée, désigner les chefs du commandement suprême des forces alliées

The codes of the Landings

For the American beaches, *the name of a State (Utah), and a town in Nebraska (Omaha), where two NCOs come from.*
For the Anglo-Canadian beaches, *the abbreviated names of fish: goldfish, swordfish, and jellyfish. The last name is dropped, since it is judged not serious enough. They replace it with Juno, the name of an officer's spouse.*
It is in the beginning of 1943 that General Frederick Morgan, chief of the General-Staff of Supreme Command of the Allied Forces, starts, with his General-Staff, to organise the biggest military operation of all time: the landings on the shores of "Europe fortress". This operation had to be under a codename. The Inter-Service Security Bureau is responsible for it. It was indeed essential that each operation received a perfectly clear name. With all the operations in and outside of Europe, around the Mediterranean sea and the Pacific ocean, only one name was available among those registered: "Mothball". We can well imagine Churchill's reaction... "You won't tell me that this bunch of crazy people insist that our grandchildren remember the operation that freed Europe under the name Mothball? Since they are incapable of finding a better codename for our landing, I'll find it myself, God damn it!" ... And Churchill pointed his cigar to the ceiling, and barked:
Overlord! We'll call it Overlord!
A few problems remained to be resolved: choose the site for the landing, the possible dates, determine the means to bring the men and the equipment, create thee instruments to increase their safety, determine the role to give the Resistance, keep everything secret, and develop the diversion manoeuvres so the enemy believes in a landing in Calais (Operation Fortitude).
There also was a need to prepare the success of the Allied advance, name the chiefs of Supreme Command of Allied Forces
while maintaining the fragile political balance. Then, to prepare for the "after victory over the Nazi regime", it was necessary to already think of the long term political and diplomatic aspects. On December 25 1943, General Dwight Eisenhower was officially designed as Supreme Commander. He arrived in London in January 1944, the Chief-of-Staff to the Supreme Allied Commander (COS-SAC) becomes the Supreme Headquarter of the Allied Expeditionary Force (SHAEF). Eisenhower's deputy will be Sir Arthur Tedder, Airfield Marshal (previously of the RAF and Eisenhower's colleague in the Mediterranean region). The naval force

Des éclaireurs de la 22nd Independant Parachute Compagny synchronisent leurs montres, avant le départ le 5 juin 1944. (IWM/Heimdal)

Pathfinders of 22nd Independant Parachute Compagny set their watches, before setting off in the night of june 5th-6th. (IWM/Heimdal)

en veillant aux délicats équilibres politiques. Puis, pour préparer « l'après victoire sur le régime nazi », il fallait d'ores et déjà s'attacher à l'aspect politique et diplomatique à long terme.

Le 25 décembre 1943, le général Dwight Eisenhower a été officiellement désigné au poste de commandement suprême. Il arrive à Londres en janvier 1944, le *Chief of Staff to the Supreme Allied Commander* (COS - SAC) devient le *Supreme Headquarter of the Allied Expeditionary Force* (SHAEF). L'adjoint d'Eisenhower sera Sir Arthur Tedder, *Airfield Marshall* (ancien de la RAF et collègue d'Eisenhower en Méditerranée). La force navale sera placée sous le commandement de l'amiral Sir Bertram Ramsay (responsable du débarquement en Afrique du Nord). Le commandant de l'armée de terre revient au général Montgomery. Sir Trafford Leigh Mallory, *Air Vice Marshal*, commandera la force aérienne alliée. L'opération Overlord est alors en place.

OVERLORD

« Overlord » désigne le plan d'ensemble des alliés visant à ouvrir un nouveau front à l'ouest de l'Europe. Il répond à la demande de Staline formulée dès 1941 pour soulager la pression allemande sur le front de l'Est.

L'opération Overlord s'est déroulée en France, du 6 juin 1944 jusqu'à la libération du Havre, le 12 septembre 1944.

D-DAY OU JOUR J

Nom donné à la première journée du Débarquement sur les cinq plages de Normandie : Utah, Omaha, Juno, Gold et Sword Beach.

MULBERRY A ET B

Le nom de cette petite baie comestible (la mûre) a été donné aux ports artificiels construits sur la côte normande au large de Saint-Laurent et d'Arromanches pour permettre l'approvisionnement des armées alliées après le Débarquement. Seul le port d'Arromanches (*Mulberry B*) a été réellement opérationnel.

L'autre port, positionné devant Omaha Beach, a été détruit par une tempête le 19 juin 1944. La structure du Mulberry était constituée de différents grands éléments préfabriqués en Angleterre, acheminés et assemblés sur la côte normande.

Le port artificiel d'Arromanches a souvent été mis en avant comme ayant permis la réussite de la bataille de Normandie et présenté comme un exemple du génie et de logistique militaire. Les historiens relativisent aujourd'hui son rôle. Jusqu'à la remise en route du port de Cherbourg, il semble qu'une majorité de l'approvisionnement allié se soit fait par débarquement direct sur les plages ou par l'utilisation des petits ports de la côte normande.

ROUND-UP

A partir de 1943, nom de code donné au rassemblement des troupes d'invasion alliées dans le sud de l'Angleterre, en préparation du débarquement et de la bataille de Normandie.

will be placed under the command of Admiral Sir Bertram Ramsay (charged of the landing in North Africa). The command of the land forces goes to General Montgomery. Sir Trafford Leigh Mallory, Air Vice-Marshal, will command the Allied air force. Operation Overlord is in place.

OVERLORD

Overlord includes the ensemble of Allies trying to open a new front in western Europe. It answers to a demand from Stalin made in 1941, to alleviate the German pressure in the eastern front. Operation Overlord took place in France, from June 6, to the Havre liberation, on September 12 1944.

D-DAY

Name given to the first day of the landings on the 5 beaches of Normandy: Utah, Omaha, Juno, Gold, and Sword Beach.

MULBERRY A AND B

The name of this berry was given to the artificial harbours constructed on the Norman shore, off Saint-Laurent and Arromanches, to allow the supply of the Allied armies after the landings. Only the Arromanche harbour (Mulberry B) was truly operational. The other port, positioned in front of Omaha, was destroyed by a storm on June 19 1944. The structure of the Mulberry was made from big element prefabricated in England, transported and assembled on the Norman shore. The artificial harbour of Arromanche was often mentioned as a huge element in the success of the Battle of Normandy, and used as an example of incredible military engineering and logistic. Today, historians put this opinion into perspective. It seems that until the Cherbourg harbour was operational again, most of the supplies were transported directly on the beaches, or to the small harbours on the Norman shore.

ROUND-UP

Until 1943, codename given to the gathering of Allied invasion troops in England, to prepare for the landings and the Battle of Normandy.

PICCADILLY CIRCUS

Choisi en référence à un axe routier, déjà très fréquenté à l'époque, du centre de Londres. C'est le nom donné au point de rassemblement de la flotte d'invasion en mer, à l'aube du jour J. A partir de ce point de convergence situé à 30 km au sud-est de l'île de Wight, les forces d'invasion ont ensuite rejoint les plages du débarquement par cinq chenaux préalablement sécurisés par des dragueurs de mines.

TITANIC

Opération de désinformation aéroportée organisée lors du débarquement. Baptisés «Rupert», des centaines de mannequins ou poupées parachutistes ont été larguées derrière les lignes allemandes pour semer la confusion chez l'ennemi. Leur particularité : en touchant le sol, ils déclenchaient automatiquement des bruits de pétards et des sons stridents sensés leurrer les Allemands.

OPÉRATION DEADSTICK

Le but de cette mission était de s'emparer des deux ponts franchissant l'un le canal de Caen à Bénouville et l'autre l'Orne à Ranville sur le flanc Est des plages du débarquement.
Le code retenu, deadstick, est extrêmement évocateur de l'opération car il signifie « atterrissage forcé sans moteur », deadstick landing en Anglais.
La prise des deux ponts était codée « *Euston I* » pour le pont de Bénouville et « *Euston II* » pour celui de Ranville. Reprendre ces ouvrages aux Allemands et les tenir à tout prix était un objectif stratégique pour les alliés car il n'existait que deux lieux de passage pour traverser l'Orne. L'ordre de mission, signé par le général Gale commandant la 6ème division aéroportée, était ainsi rédigé : « prendre intacts les deux ponts... par une opération reposant essentiellement sur l'effet de surprise, la rapidité d'exécution et la détermination à vaincre ». En fait, il faudra moins de 40 minutes aux commandos de la 6ème division aéroportée britannique pour s'emparer du pont de Bénouville.

Le Major General R N Gale OBE MC, commandant de la « 6th Airborne Division », discute avec le hommes de la « 5th Parachute Brigade » avant leur embarquement le soir du 4 ou 5 juin. (IWM/Heimdal)

Major General R N Gale OBE MC, the commander of 6th Airborne Division, talking to troops of 5th Parachute Brigade before they emplane on the evening of 4 or 5 June. (IWM/Heimdal)

PICCADILLY CIRCUS

Chosen as a reference to a road junction in central London. It is the name given to the gathering point of the invading fleet at sea, at dawn, on D-Day. From this point, located 30 kilometres southwest of the Isle of Wight, the invading forces then join the landing beaches by five channels, previously secured by minesweepers.

TITANIC

Operation of airborne misinformation organised during the landings. Called "Rupert", hundreds of mannequins or dolls were dropped behind the enemy lines to create confusion. Their particularity: When they touched the ground, they automatically made a blast sound, supposed to fool the Germans.

OPERATION DEADSTICK

The goal of this mission was to seize the two bridges, one crossing the Caen canal at Bénouville, the other crossing the Orne at Ranville, on the eastern flank of the landings beaches. The codename was chosen as a nod to deadstick landings.

The storming of those two bridges were codenamed "Euston I" for the Bénouville bridge, and "Euston II" for the Ranville bridge. To take those two German points was essential, since there were only two places to cross the Orne river. The missions' order, signed by General Gale, was written as follow: "Take the two bridges intact... by an operation relying on surprise, swiftness, and determination to succeed". In fact, the commandos of the 6th British Airborne division will need less than 40 minutes to take the Bénouville bridge.

PEGASUS BRIDGE

Another name for the Bénouville bridge, renamed in honour of the 6th British airborne division. It was a strategic objective assigned to the British commandos, whose emblem was a winged horse, a Pegasus. Since then, the original drawbridge has been replaced by a larger one, but the original stays visible at the memorial museum of the same name. In 1961, the Bénouville bridge became famous thanks to the movie "The Longest Day" by Darryl Zanuck.

Cette photo aérienne montre trois planeurs ainsi que les tranchées allemandes précédant l'entrée du pont «Pegasus bridge». (R.A.F.)

This aerial photo shows three gliders as well as German trenches, before the entrance to "Pegasus bridge". (R.A.F.)

PEGASUS BRIDGE

Autre nom du pont de Bénouville, rebaptisé ainsi après le débarquement en honneur de la 6ème division aéroportée britannique. C'était un objectif stratégique assigné aux commandos anglais de la 6ème division aéroportée dont l'emblème était justement un cheval ailé... Pégase !
Depuis, le pont basculant original a été remplacé par un ouvrage plus large, mais il reste visible au musée-mémorial du même nom. En 1961, le pont de Bénouville est devenu célèbre grâce au film de Darryl Zanuck « Le jour le plus long ».

Et aussi...

A chaque opération militaire d'importance son nom de code. Pendant toute la bataille de Normandie et jusqu'à la reddition des troupes allemandes, bien d'autres opérations ont été identifiées par un code. La liste est longue Voici un petit aperçu des codes qui ont marqué les premières semaines du Débarquement de Normandie.

• **Opération Tonga** : parachutage et arrivée par planeur de la 6ème division aéroportée britannique sur le flanc Est du canal de Caen à la mer et sur Ranville, près de la rivière Orne. Objectif : tenir le flanc gauche des zones de débarquement allié, en particulier les ponts pour empêcher les blindés allemands de rejoindre les plages et permettre par la suite aux blindés britanniques de les utiliser. Le contrôle des deux ponts les plus proches de la zone de débarquement, le Pegasus Bridge et le pont de Ranville était un des principaux objectif de l'opération *Tonga*.

• **Opérations Albany et Boston** : parachutage des 101e et 82e divisions aéroportées américaines dans le nord-est du Cotentin. Cette action devait permettre de protéger le flanc ouest de la zone de débarquement, et surtout de contrôler les sorties de plage d'Utah Beach. Contrairement aux autres plages, celle-ci se trouve sur un cordon littoral isolé par des marais et n'est reliée que par quelques routes à la péninsule du Cotentin.

• **Opérations Dingson & Samwest** : parachutages en Bretagne, à l'aube du 6 juin, de 36 parachutistes français répartis en quatre groupes chargés de coordonner les actions de la résistance et de freiner l'arrivée des renforts allemands en Normandie.

• **Opération Goodwood** : Opération alliée qui s'est déroulée du 18 juillet au 20 juillet 1944 pour conquérir Caen par une attaque massive de blindés et une percée à l'Est de la ville.

Also...

Every important military operation has a codename. During the battle of Normandy, and until the surrender of the German troops, many other operations were identified with a code. The list goes on, but here are a few examples of the codenames who marked the first weeks of the landings.

Operation Tonga: *parachute drops and arrival by gliders of the 6th British airborne division on the east flank of the Caen canal to the sea and on Ranville, near the Orne river. Objective: hold the left flank of the landing zones to prevent the German armoured vehicles of joining the beaches, and then allow to the British armoured vehicles to use the two bridges near the landing zones. The Pegasus bridge and the Ranville bridge were one of the main objectives of Operation Tonga.*

Operations Albany and Boston: *101st and 82nd American airborne divisions in the northeast of Cotentin. This action was supposed to protect the west flank of the landing zone, and, more importantly, to to control Utah Beach's exits. As opposed to the other beaches, this one is isolated by the marsh, and only a few roads links it to the Cotentin peninsula.*

Operations Dingson and Samwest: *parachute drops in Brittany, at dawn, on June 6. 36 French paratroopers in groups of 4 had to coordinate the Resistance actions, and stop the arrival of German reinforcements in Normandy.*

Operation Goodwood: *Allied operation that took place from July 18 to 20 1944, to conquer Caen by a massive attack of armoured vehicles and a breakthrough east of the city.*

Un convoi de véhicules de la RAF à l'arrêt à Ver-sur-Mer, après son débarquement à Gold Beach, 6 juin 1944. (IWM/Heimdal)

An RAF vehicle convoy pauses in Ver-sur-Mer, Normandy, after landing on 'King' Beach, GOLD Sector before heading inland on the afternoon of 'D-Day', 6 June 1944. (IWM/Heimdal)

Les insignes de coiffures… héritage de l'héraldique ?

L'héraldique est une science née en Europe au Moyen Âge. Système organisé de reconnaissance, d'appartenance à un groupe de personnes, c'est un langage qui utilise l'emblème comme identification en lieu et place de l'écrit. L'emblème est signifiant, il est reproductible, il est unique. Lorsqu'il est blason, il se transmet de génération en génération.
L'usage des armoiries apparaît au XIIe siècle dans l'art militaire lorsque le casque masque le visage du chevalier. Celui-ci devient figure de fer et d'acier. Pour être reconnu lors des batailles, les chevaliers peignent alors leur blason sur le bouclier.

Les insignes ornant les coiffures des combattants de la bataille de Normandie ne procéderaient-ils pas de la même volonté de marquer son appartenance à un groupe, une nation, un État ? Ou simplement pour être identifié ? Mélange de fierté et de défi, l'insigne de casque, n'est exigé par aucun règlement. Il n'est pas non plus interdit. Il est artisanal, standard ou unique. Parfois ce n'est plus la division, le régiment mais la ville d'origine ou le prénom qui devient emblème. Identification dans l'espace social et géographique, l'insigne permet de retracer l'histoire de l'unité. C'est aussi l'histoire personnelle du propriétaire. Tels les ordres anciens de chevalerie.

Plusieurs « familles » de marques coexistent.
Chaque nation semble privilégier une inspiration différente.

Troupes américaines attendant le signal pour le débarquement en Normandie. (US Army/Heimdal)

American troops awaiting the signal for the Normandy landings. (US Army/Heimdal)

Headgears insignia… A heraldic heritage ?

Heraldry is a science born in Europe during the Middle Ages. Organised identification system used to express a sense of belonging, it is a language that uses emblems instead of writing. The emblem is significant, and unique. When it is a coat of arms, it is transmitted from one generation to the next. The use of coat of arms appeared in the XIIth century in the military, when the helmets covered the face of knights. To be recognised in battle, they start painting coat of arms on their shields.

Don't the insignias on headgear during the battle of Normandy express the same sense of belonging to a group, a nation, a state? Or were they simply used for identification purposes? Mix of pride and defiance, the helmet insignia isn't required by any rule. Nor is it forbidden. It is handmade, standard, or unique. Sometimes, it is not the division or regiment, but the hometown or name that becomes an emblem. As identification in the social and geographic space, the insignia allows us to trace the unit's history. It is also the personal story of the owner. Just as the ancient orders of knights.

Many marking "families" coexist. Every nation seems to favour a different inspiration.

Proche des côtes normandes, le LCI(L) 326 est dans un convoi de navires du Débarquement. Sur le pont, les hommes de la 90th Infantry Division sont prêts pour l'invasion. Les casques sont recouverts du filet à petites mailles, typique de cette division. (NARA.)

The invasion fleet. The LCI (L) 326 is in a convoy of landing crafts. On the deck, the men of the 90th Infantry Division are ready for the invasion. Helmets are covered with the net with small meshes, typical of this division. (NARA)

LES EMBLÈMES DE L'ARMÉE AMÉRICAINE

Ces emblèmes sont généralement hérités des combattants de la Première Guerre mondiale.
Ils sont l'expression graphique de devises ou d'une identité historique.

- **« Blue and grey »**, 29th Infantry Division ; ce symbole rappelle la dualité de l'origine de cette unité composée historiquement de sudistes issus des régiments confédérés vêtus de gris, et de nordistes issus des régiments de l'Union vêtus de bleu ; « Blue and grey ». C'est aussi le Ying-Yang, concept de la complémentarité dans la philosophie chinoise.
- **« Tough ombres »**, 90th Infantry Division ; les initiales de cette division correspondent aux deux Etats dont sont originaires les troupes : Texas – Oklahoma. Ensuite la division prit le surnom de « tough ombres », les hommes tenaces.
- **« Indian head »**, 2nd Infantry Division ; cet emblème est le fruit d'un concours lancé par un officier de l'unité en mars 1918. C'est un résumé du mythe de l'ouest américain : une tête d'indien sur fond d'étoile blanche dans un écu noir. La devise : « never to none ». « Le second de personne ».
- **« All American »**, 82nd Airborne Division.
- **« Screaming eagle »**, 101st Airborne Division.

EMBLEMS IN THE US ARMY

These emblems are usually a heritage from the First World war.
They are the expression of a historic identity.
"Blue and grey", *29th Infantry Division: this symbol recalls the original duality of this unit, historically composed of confederate regiments wearing grey, and northern regiments wearing blue; "Blue and grey". It is also the Yin-Yang, complementarity concept in Chinese philosophy.*
"Tough Ombres", *90th Infantry Division: the initials of this division come from its two original States, Texas and Oklahoma. Then, the division took the nickname of "tough ombres".*
"Indian head", *2nd Infantry Division: this emblem is the result of a contest organised by an officer of this unit in 1918. It is the summary of a myth from western America: an Indian head before a white star, in a black shield. Its motto: "Never to none".*
"All American", *82nd Airborne Division.*
"Screaming eagle", *101st Airborne Division.*

Les insignes de coiffures…

Mais c'est également une ingénieuse lecture graphique.

- **« Big red one »**, *1st Infantry Division*
- **« Ivy »**, *4th Infantry Division* ; la lecture en chiffre romain du IV se prononce i-vy, comme le lierre en américain. C'est donc quatre feuilles de lierre sortant d'un cercle qui devinrent le symbole de la division.
- **« Tank Destroyer »**, un tigre avec un char dans la gueule.

Souvent une devise, encore un leg du passé, accompagne l'emblème. Les maîtres actuels du marketing ne renieraient pas cette symbolique si forte et si simple.

Headgears insignia…

It is also an ingenious graphic reading.
***"Big red one"**, 1st Infantry Division.*
***"Ivy"**, 4th Infantry Division. The number 4 in Roman numerals is IV, hence the name "Ivy". The ivy leaves therefore became the symbol of this division.*
***"Tank Destroyer"**, a tiger with a tank in its mouth. Often a motto, inherited from the past, comes with the emblem. Current pros of marketing wouldn't deny this symbolic, so strong, yet so simple.*

Les Engineers donnent les premiers soins à leurs camarades. Dans le fond, les LCTs (US 29 et US 30) transportent des M7 « Priest » du 62nd Field Artillery Battalion. (Photos DAVA et NA, Coll. Heimdal)

Engineers give first aid to their comrades. On the background, LCT's US29 and US30 can be seen which were carrying M7 "priest" howitzers belonging to the 62nd Field Arty.Bn. (DAVA and NA/Heimdal)

EMBLEMS IN THE ENGLISH AND CANADIAN ARMIES

The English choose emblems tied with the geographic origin, or with the regiments' tradition. The historic heritage is quite strong.

The badges *are therefore a sign of evolution in heraldic science.*
30th Corps, a charging boar.
12th Corps, the luscious trees of Kent and Surrey.
Guards Armoured Division, "the eye watching the enemy".
7th Armoured Division, the North African jerboa.
11th Armoured Division, a charging bull.

The insignias *of infantry divisions:*
5th Infantry Division, Y, for Yorkshire.
15th Scottish Infantry Division, the ramping lion from Scotland's coat of arms.
43rd Infantry Division, the wyvern, fantastic beast from the Middle Ages.
49th Infantry Division, the polar bear.
50th Infantry Division, Two superimposed T, representing in front view the initials of the Tyne and Tees rivers, and in side view the initial of the Humber river.

The Canadian badges:
Maisonneuve, Quebec's fleur-de-lys.
Regiment of Scottish tradition: Saint Andrew and his cross.
Regiment of Irish tradition: lyre.
Thistle, Scotland's symbol.
English lion.

LES EMBLÈMES DE L'ARMÉE ANGLAISE ET DE L'ARMÉE CANADIENNE.

Les Anglais choisissent des emblèmes liés à l'origine géographique ou à la tradition des régiments. L'héritage historique est très prégnant.

Les « badges » témoignent ainsi d'une science aboutie de l'armoirie :
- *30th Corps*, sanglier chargeant.
- *12th Corps*, arbres verdoyants du Kent et du Surrey
- *Guards Armoured Division*, « l'œil qui surveille l'ennemi ».
- *7th Armoured Division*, la gerboise d'Afrique du Nord
- *11th Armoured Division*, taureau chargeant.

Les insignes des divisions d'infanterie :
- *5th Infantry Division*, Y initiale du Yorkshire.
- *15th Scottish Infantry Division*, lion rampant des armes d'Ecosse.
- *43rd Infantry Division*, le wyvern animal mythique du moyen âge.
- *49th Infantry Division*, ours polaire.
- *50th Infantry Division*, TT superposés qui représentent de face les initiales des deux rivières Tyne et Tees, et vue de côté l'initiale de la rivière Humber.

Les badges canadiens :
- Maisonneuve, fleur de lys du Québec.
- Régiments de tradition écossaise : saint Andrew et sa croix.
- Régiments de tradition irlandaise : lyre.
- Chardon, symbole de l'Ecosse.
- Lion d'Angleterre.

Troupes anglaises débarquant sur Sword Beach, 6 juin 1944 (IWM/Heimdal)

Troops wading ashore from an LCI(L) on Queen beach, Sword area, 6 June 1944. (IWM/Heimdal)

Les insignes de coiffures...

1

Symbolique des insignes

LES EMBLÈMES DE L'ARMÉE ALLEMANDE.

Les Allemands organisent de manière très restrictive l'utilisation des emblèmes.
De 1935 à 1940 : les casques portent un aigle à gauche et les couleurs nationales à droite (inversé pour la Waffen-SS).
De 1940 à 1943 : aigle à droite, suppression des couleurs nationales.
A partir de 1943 : aucun insigne, selon le règlement.

• Pas de symbole de division ou de régiment. Par contre une grande créativité en matière de camouflage : peinture, grillage, filet, feuillage, tissus, barbelés,....
Les troupes allemandes généralisent très vite le camouflage des casques et des uniformes. Les couvre-casques camouflés en toile apparaissent en 1943 pour la Wehrmacht, et le filet en 1942. Les troupes de la Waffen-SS ont introduit dès le début du conflit des couvre-casques camouflés spécifiques.
Mais ces effets ne sont pas distribués à l'ensemble des troupes, ce qui explique toutes les techniques artisanales de camouflage illustrées dans cet ouvrage : peintures à plusieurs tons, bandes métalliques ou chambre à air pour fixer des branchages, câbles à vélo,... Les techniques sont multiples et peuvent être individuelles ou mises en œuvre au niveau d'une section ou d'une compagnie. Ainsi, certains camouflages deviennent des « signatures », tels que ceux appliqués sur les casques de parachutistes du 6. Fallschirmjäger Regiment (ou ceux de la 21e Panzer-Division) illustrés dans cet ouvrage.

EMBLEMS IN THE GERMAN ARMY

The Germans organise the use of emblems in a restrictive fashion.
From 1935 to 1940: the helmets wear an eagle on the left, and the national colours on the right (mirrored for the Waffen-SS).
From 1940 to 1943: eagle on the right, removal of the national colours.
From 1943: No insignia, according to regulation.

No symbol for the division or regiment. However, great creativity regarding camouflage: paint, nets, wire meshes, leaves, branches, cloth...
The Germans are quick to adopt camouflage on helmets and uniforms. The camouflaged helmet covers made of cloth appear in 1943 for the Wehrmacht, and the net in 1942. Troops of the Waffen-SS have introduced early on in the conflict the use of specific camouflaged helmet covers. But these materials haven't been distributed to the entire troops, which explains the use of handmade camouflage shown in this book: paint of different colours, use metallic bands, bicycle wires... There are many techniques, and they can be individual, or executed at section or company level. Therefore, some camouflages become "signatures", like those of the 6th Fallschimjäger Regiment (or those of the 21th Panzer-Division) featured in this book.

Insignes d'uniformes de la Luftwaffe
Uniform insignias of the Luftwaffe

Un feldgendarme de division SS escorte une colonne de prisonniers anglais après le combat de Villers Bocage. Il porte la plaque illustrée ci-dessous. (BA/Heimdal)

A feldgendarme from an SS division escorts a column of English prisoner after the battle of Villers-Bocage. He wears the plaque shown below. (BA/Heimdal)

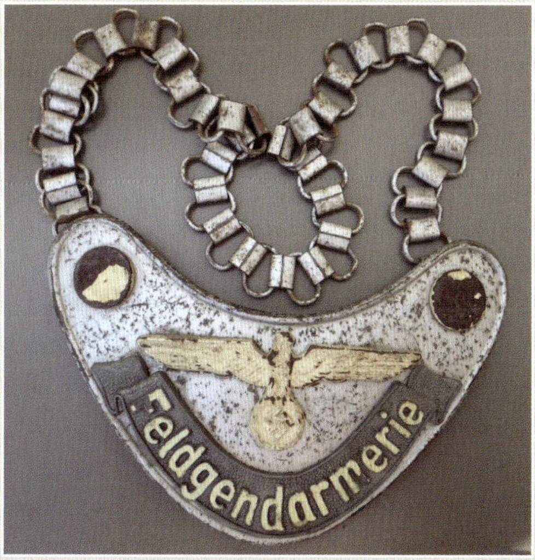

5 juin - 22h00 les divisions côtières allemandes sont en alerte

JUIN 1944. Alors que la population bas-normande a subi de lourdes réquisitions pour fournir la main d'œuvre destinée à compléter les ouvrages de défenses côtières, les troupes allemandes présentes en Normandie sont notamment constituées :

• de troupes éprouvées dans les batailles sur le front de l'Est, mises en renfort,

• des divisions d'occupation destinées à contrer une action alliée, telles la 716ème ou la 352ème division d'infanterie,

• de troupes diverses de la Wehrmacht à l'efficacité combative toute relative, composées de soldats âgés et d'enrôlés étrangers.

• de l'artillerie côtière, vouée à jouer un rôle crucial en cas d'assaut allié.

Rattachées à la marine allemande (Kriegsmarine), ces troupes vont subir de nombreux bombardements préalables, parfois peu efficaces. Rommel, lorsque ses fonctions l'amènent à visiter les plages normandes début 1944, comprend rapidement que des protections complémentaires sont très urgentes. Des travaux importants vont donc être engagés sur les plages dans les semaines précédant le débarquement.

June 5, 10:00 p.m.: The German coast divisions are on alert

June 1944. *While the population in Lower Normandy suffered heavy requisitions to provide the workforce needed to complete the coastal defence works, the German troops in Normandy include:*

• experienced troops who fought on the Eastern front, used as reinforcements,

• occupying divisions destined to counter an Allied action, such as the 716th and the 352th infantry divisions,

• various Wehrmacht troops, composed of older and foreign soldiers,

of the coastal artillery, destined to play a major role in case of Allied attack.

Attached to the German navy (Kriegsmarine), those troops will suffer many bombings, sometimes inefficient. ROMMEL, when he visits the Norman beaches in 1944, quickly understands that additional protections are needed immediately. Important works will therefore start a few weeks before the landings.

Depuis un poste de direction de tir, les Allemands observent la plage. (BA/Heimdal)

From a firing post, the Germans watch the beach. (BA/Heimdal)

Prise d'armes de troupes de la Kriegsmarine dans un village normand avant le débarquement. (Collection privée)

Troops of the Kriegsmarine take arms in a Norman village before the landings. (Private collection)

Les troupes allemandes dans la plaine de Caen. A part quelques unités fortement mécanisées, les divisions stationnées en Normandie sont dotées de moyens de déplacements limités. (Collection privée)

German troops in the plain of Caen. Except for a few heavily mechanised units, the divisions in Normandy have limited means of transportation. (Private collection)

Equipements camouflés : casque et boitier de masque à gaz d'un soldat des divisions côtières allemandes.

Camouflaged equipment: a helmet and a gas mask case from the German coast divisions.

Le 5 juin, dès 21h30, le contre-espionnage allemand a identifié la seconde partie des vers de Verlaine : «... blessent mon cœur d'une langueur monotone ». Le débarquement est imminent ! Alors que l'information va difficilement remonter vers les hautes instances décisionnelles de l'état-major, la 7e Armée stationnée en Normandie ne sera pas officiellement mise en alerte avant 1h30 le lendemain. Dès la fin de soirée, les troupes allemandes en Normandie comprennent qu'une action d'envergure est engagée. Elles se mettent donc individuellement en ordre de combat. La confusion reste toutefois grande et les ordres n'arrivent pas. A 23h30 les alliés bombardent les côtes normandes.

Les divisions blindées présentes en retrait du front, seules aptes à engager les actions pouvant rejeter les alliés à la mer, ne sont pas mises en alerte. La tactique préconisée par Rommel, attaquer immédiatement grâce à des divisions mobiles placées près des plages, ne sera pas exécutée.

La surprise sera donc grande lorsqu'à l'aube du 6 juin des centaines de navires ouvriront le feu sur le mur de l'atlantique. De nombreuses défenses allemandes, protégées et camouflées, resteront cependant actives. Elles occasionneront de lourdes pertes aux armées alliées.

On June 5, at 9:30 p.m., German counter-spies have identified the second half of the Verlaine verse "...blessent mon coeur d'une langueur monotone". The landing is imminent! Since the information will struggle to climb the command ladder, and reach the General-Staff, the 7th Army won't officially be alerted before 1:30 a.m. the next day. By the end of the evening, the German troops in Normandy understand that a huge action has been engaged. They individually position themselves for combat. The confusion remains strong, and the orders aren't coming. At 11:30 p.m., the Allies bombard the Norman shores. The armoured divisions behind the front, the only units able to engage actions to push back the allies to the sea, are not alerted. The tactic favoured by ROMMEL won't be executed. The surprise will be great on June 6, when hundreds of ships will open fire on the Atlantic wall. Many German defences, protected and hidden, will however remain active. They will cause many losses in the Allied armies.

Comment mieux illustrer l'occupation allemande que de présenter ce panneau indiquant la Wehrmacht Kommandantur (soit commandement militaire de l'armée allemande), siège local des armées d'occupation. Trouvé dans les années 80, ce panneau a été pour la population normande un des symboles les plus effrayants de la présence du régime nazi.

How to best illustrate the German occupation than with this sign indicating the Wehrmacht Kommandantur (local military command post of the Geman army)? Found in the 80's, this sign has been, for the Norman population, one of the scariest symbols of the Nazi occupation.

Avec un intérieur reconditionné pour plus de confort, ce vieux modèle réglementaire a coiffé de nombreuses troupes d'occupation.
Un camouflage spécifique a toutefois été apposé au niveau régimentaire, sur une base couleur ocre, qui s'adapte bien à la nature environnante des plages normandes.

With a new interior for additional comfort, this old model has been used by many occupation troops. A specific camouflage was however applied at the regiment level, on an ochre base, to adapt to the Norman beaches environment.

Une relique de 1916

Contrairement à une idée répandue, l'armée allemande n'a jamais été suréquipée. Afin de pallier les difficultés d'approvisionnement, toutes les ressources étaient mises à profit. Il en était ainsi pour les casemates bétonnées appelées « bunkers », équipées de canons parfois pris sur des armées vaincues (France, Tchécoslovaquie, Pologne,...), ainsi que pour les équipements individuels. Ce casque est bien allemand mais du modèle développé à partir de 1916. Il porte d'ailleurs les deux axes extérieurs caractéristiques destinés à porter la plaque de blindage « stirnpanzer » de protection dans les tranchées. Il a été récupéré dans les années 70 à Villers sur Mer et appartenait probablement à la 711e division d'infanterie. On distingue sous la peinture les deux insignes caractéristiques de l'armée de terre.

A RELIC FROM 1916

Contrarily to popular belief, the German army was never over-equipped. To palliate to the supply problems, every resource were put to contribution. This was the case for the casemate, called "blockhaus" equipped with cannons sometimes taken from the defeated armies (France, Czechoslovakia, Poland...), as well as for the individual equipments. This really is a German helmet, but a model developed since 1916. It shows the two external axis destined to wear the armoured plate "stirnpanzer" of protection in trenches. It was found in the 70's in Villers-sur-Mer, and probably belonged to the 711th infantry division. We can distinguish under the paint the two insignias of the land forces.

CASQUETTE DE SOUS-OFFICIER DE L'ARTILLERIE CÔTIÈRE

Par tradition impériale, la casquette à visière est typique des gradés allemands. Parfois même conservée lors des opérations de combat, la casquette représente l'autorité militaire. Elle était donc ornée d'insignes aussi voyants que symboliques. Contrairement aux armées alliées, dont l'équipement était uniformisé autant que possible, l'armée allemande avait adopté une multitude de modèles différents de casquettes, souvent fabriquées par des chapeliers privés. Cette casquette, bien conservée malgré son âge et la fragilité de ses composants, a été portée par un sous-officier de l'artillerie de la Kriegsmarine posté en zone côtière. Son modèle n'existe que pour cette arme, avec des insignes dorés, et l'on peut remarquer la petite réparation opérée sur l'aigle métallique par le gradé.

CAP OF A COAST ARTILLERY NCO

As per imperial tradition, the visor cap is typical to the German soldiers of rank. Sometimes even kept in combat, the cap represented military authority. It was therefore decorated with insignias as showy as symbolic. Contrarily to the Allied armies, whose equipment were as heterogeneous as possible, the German army had adopted various models of caps, often made by private hatters. This cap, well preserved despite its age and the fragility of its components, was worn by a NCO of the Kriegsmarine stationed on the coast. This model only exists for this army, and we can see the repair made on the metallic eagle.

CASQUE ALLEMAND DE L'ARTILLERIE CÔTIÈRE

Ce casque allemand modèle 1940 de l'artillerie côtière a été récupéré à la fin des combats tout à côté de la plage d'Omaha Beach par un habitant, puis donné à l'auteur dans les années 80. Sur une peinture gris-vert, il porte un aigle doré aux ailes repliées, typique de ces unités stationnées au plus près des zones de débarquement.

GERMAN COAST ARTILLERY HELMET

This model 1940 German helmet of the coast artillery was taken by a civilian next to Omaha Beach, right after the battle. In the 80's, it was given to the author. On a green-grey paint, it wears a golden eagle with spread wings, typical of the units stationed near the landing zones.

AT DAWN ON JUNE 5, THE BOATS TAKE TO SEA... THE US NAVY PREPARES THE LANDINGS ON THE BEACHES

On June 5, in the morning, 4500 ships leave the south of England and move towards Normandy. The troops of the US navy wear the same helmet as the GI, but of a grey-blue colour, as the one found on ships and landing crafts. This helmet shows on the back the letters USN (US Navy), and the letter E on top, probably as a reference to one of the landing craft assuring the rotations between the ships and the beaches. Very exposed, the sailors of the US navy will pay a heavy price, but will be one of the pillars of Operation Overlord's success.

5 JUIN À L'AUBE, LES BATEAUX PRENNENT LA MER... L'US NAVY PRÉPARE LE DÉBARQUEMENT SUR LES PLAGES.

Au matin du 5 juin, 4500 navires quittent le sud de l'Angleterre et font route vers la Normandie. Les troupes de l'US Navy portent le même casque que les GI, mais dans une livrée gris-bleu que l'on retrouve sur les navires et barges de débarquement. Ce casque porte sur son arrière les initiales USN (US Navy) et sur le dessus la lettre E, probablement la référence d'une des barges qui va assurer les rotations entre plages et bateaux. Très exposés, les marins de l'US Navy vont payer un lourd tribut mais ils seront un des piliers de la réussite de l'opération Overlord.

Omaha, la plage approche, on aperçoit les obstacles de plage. Sur la gauche, une péniche a été touchée par un obus allemand. (US Army/Heimdal)

Omaha, the beach is near, we can see the beach obstacles. On the left, a landing craft was hit by a German shell. (US Army/Heimdal)

Omaha Beach, première vague d'assaut le 6 juin vers 6H30. (US Army/Heimdal)

Omaha Beach, 6:30 june 6, the leading wave arrives on the beach. (US Army/Heimdal)

2

6 JUIN 1944 L'ASSAUT

6 juin 1944 jour historique

Un jour particulier de l'histoire moderne

Le 6 juin 1944 marque le départ d'une formidable épopée militaire et humaine qui conduira les alliés à Berlin et scellera la chute du régime nazi et de son empire. C'est une véritable guerre de civilisation qui va se jouer : l'Allemagne nazie s'érige comme le dernier rempart contre le bolchevisme, mais aussi contre l'Europe démocratique et libérale dont les Etats-Unis vont rapidement incarner le modèle. Le 6 juin 1944 est le premier jour sur le sol français de cet enchainement de combats, d'encerclements et d'enlisements qui vont irrésistiblement mener les puissances occidentales à écraser l'Allemagne et poser les fondements d'un monde nouveau dans lequel les pouvoirs politiques, militaires et économiques sont redistribués. La guerre froide, le baby boom et les « trente glorieuses » consacreront le nouveau visage de l'après-guerre.

June 6 1944, historic day

A particular day in modern history

June 6 1944 marks the beginning of a formidable military and human saga, who will lead the Allies to Berlin and will seal the fall of the Nazi regime, and empire. It is a war of civilisations: Nazi Germany stands as a last stronghold against Bolshevism, but also against Democratic and Liberal Europe, quickly incarnated by the United States. June 6 1944 is the first day on French soil of this succession of battles, encirclements, and stalemates, who will irresistibly bring the Western forces to crush Germany, and establish the foundations of a new world, where the military, political, and economic powers are redistributed. The Cold War, baby boom, and the "trente glorieuses" (the "glorious thirty") will shape the new face of the postwar world.

WHY IS D-DAY MORE IMPORTANT THAN OTHER DATES MARKING THE FIRST GERMAN DEFEATS?

The Allies made of Normandy the entrance door to Europe in their plan to destroy the Nazi regime. To pull of this plan, which could not be "replayed", it was necessary to mobilise all the available men and equipment. They also had to invent new materials, to create surprise and give them an advantage, as well as to increase the Allied forces' morale. Finally, they needed a lot of courage, and to take many risks, to destabilise a disciplined military force, experienced by years of warfare, and led by a powerful ideology.

Bernières-sur-Mer, 6 juin, Juno Beach. Les troupes continuent de débarquer sur la plage, maintenant à marée basse. (Ken Bell/National Defence Images Library/Heimdal)

On June 6, the troops land on the beach, now at low tide, heavily loaded with them. (Ken Bell/National Defence Images Library/Heimdal)

NEW MATERIALS

The Allies will bring with them new technologies who will surprise the populations who have been living for years in rationing, and struggled to get by. Obviously, there are all those products such as Coca Cola, chewing-gum, Nescafé, or t-shirt, which soon replaced the French "marcel" (tank top). But more seriously, the application of new technologies to materials allowed the logistic supply during the landings. Especially:

• The design of the two artificial harbours of Arromanches and Saint-Laurent-sur-Mer.

• The installation of an underwater pipeline between England and the Norman beaches.

The American war machine also was a breeding ground for new innovations and technologies, including those increasing the soldier's comfort.

POURQUOI LE D-DAY EST-IL PLUS IMPORTANT QUE LES AUTRES DATES QUI MARQUÈRENT LES PREMIÈRES DÉFAITES DE L'ALLEMAGNE ?

Les alliés firent de la Normandie la porte d'entrée de l'Europe dans leur plan de destruction du régime nazi.

Pour réussir ce plan, qui ne pouvait être « rejoué », il fallait mobiliser toutes les capacités humaines et matérielles disponibles. Il fallait également inventer de nouveaux matériels qui surprendraient et donneraient l'avantage technique et moral aux forces alliées.

Enfin, il fallait beaucoup d'audace et de prise de risque pour déstabiliser une force militaire disciplinée, rompue à des années de guerre et portée par une idéologie extrêmement puissante.

Le grand état-major allié le 12 février 1944 à Bushey Park : De gauche à droite : les généraux Omar N. Bradley, Amiral Ramsey, Tedder, Eisenhower, Montgomery, le maréchal Sir Trafford Leigh-Mallory et le général W. Bedell-Smith. (US Army)

The Allied High Command on 12 February 1944 at Bushey Park. From left to right : General Bradley, Admiral Ramsey, Air Marshal Tedder, Generals Eisenhower and Montgomery, Air Marshall Leigh-Mallory and General Bedell-Smith. (US Army)

Le char « Hurricane » (« Ouragan ») est un Sherman équipé de hottes de protection. (D.F./Heimdal)

The "Hurricane" tank is a Sherman equipped with protective hoods. (D.F./Heimdal)

DE NOUVEAUX MATÉRIELS, DE NOUVEAUX MATÉRIAUX

Les alliés vont amener avec eux des technologies nouvelles qui vont surprendre les populations qui vivent depuis plusieurs années dans le rationnement et « la débrouille ».

Evidemment, il y a tous ces produits de consommation tels le Coca Cola, le chewing gum, le nescafé ou le tee-shirt qui remplacera le « marcel » bien français.

Mais c'est plus sérieusement l'application d'innovations technologiques aux matériels qui vont permettre l'approvisionnement logistique du débarquement. En particulier :

- La conception des deux ports artificiels d'Arromanches et de Saint-Laurent-sur Mer,
- La pose d'un pipe-line sous-marin entre l'Angleterre et les plages normandes.

La machine de guerre américaine a également été une entreprise d'innovations et de technologies, y compris pour le confort des combattants. Ainsi, chaque soldat américain dispose d'un imperméable caoutchouté, de chaussures avec des semelles de caoutchouc (et non pas cloutées comme le fantassin allemand... ou anglais), d'un blouson de combat confortable en popeline de coton. Autant de « détails » qui forgeront le mythe américain et feront rêver les populations libérées.

UNE COMBINAISON TACTIQUE NOUVELLE DES FORCES MARITIMES, AÉRIENNES ET TERRESTRES

La stratégie américaine qui a présidé au Débarquement de Normandie est fondée sur une concentration massive de forces dans une zone limitée. Tout cela associé à l'effet de surprise qui résulte du choix, du moment et des moyens mis en œuvre. Ce sont tous ces ingrédients que l'on retrouve le 6 juin 1944. Si les précédentes opérations amphibies d'Afrique du nord, de Salerne ou d'Anzio présentent également ces caractéristiques, elles n'ont pas l'ampleur et l'audace du débarquement de Normandie.

La combinaison des forces amphibies, aéroportées, navales et aériennes devient l'instrument de ce choix tactique. Toutes ces forces déferlent ensemble et avec des objectifs complémentaires. Cette conception offensive est bien éloignée de la réaction allemande au printemps 1944, basée sur une organisation beaucoup plus traditionnelle entre armes, avec des commandements largement autonomes qui développent et agissent en fonction de leur propre analyse de la situation. D'où un manque de coordination et de puissance de la contre-offensive lors des premiers jours de l'assaut.

L'AUDACE : CRÉER UN EFFET DE SURPRISE

La décision de porter toutes les forces sur la Normandie surprit les stratèges allemands, ceux-ci s'accordant pour considérer le Pas-de-Calais comme le point de débarquement naturel : près des côtes britanniques, facile d'accès et d'approvisionnement en hommes et matériel.

Ce débarquement est aussi un plan fondé sur la désinformation et le postulat qu'il était tellement déraisonnable d'envisager ce débarquement sur ces côtes normandes, qui plus est à marée basse ce qui en augmentait tout le péril, que jamais le commandement allemand ne se résoudrait à accepter cette idée. Ce front serait considéré comme une diversion. Par conséquent, le commandement allemand ne mobiliserait pas immédiatement ses troupes de réserve.

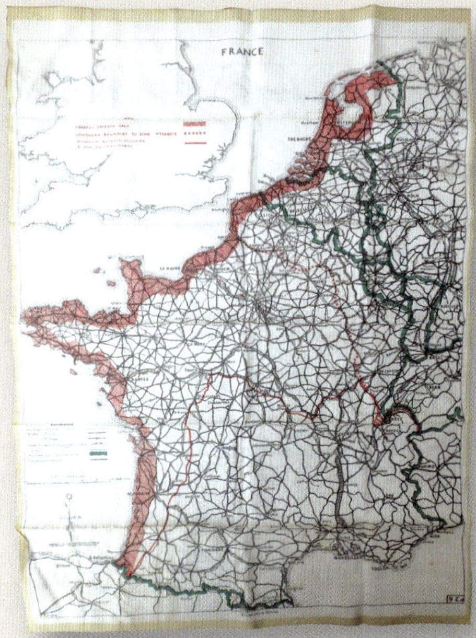

Carte de France avec les zones d'occupation allemande. Fabriquée en soie, elle pouvait être utilisée comme foulard.

Map of France with the German occupation zones. Made of silk, it could double as a scarf.

Every American soldier has a rubber raincoat, shoes with a rubber sole (and not studded, contrarily to the German or English soldiers), of a comfortable combat vest made of poplin cotton. So many "details" which will forge the American myth and will make the liberated populations dream.

A NEW TACTICAL COMBINATION OF THE NAVAL, AIR, AND LAND FORCES

The American strategy which presided during the Normandy landings was based on a massive concentration of troops in a limited area. All this added to the element of surprise, which is the result of the choice, the time, and the resources combined. All those ingredients were gathered on June 6 1944. If the previous amphibious operations such as in North Africa, Salerno, and Anzio also presented those characteristics, they don't have the magnitude nor the boldness of the Normandy landings. The combination of amphibious, airborne, naval, and air forces becomes the instrument of this tactical choice. All those forces rush together with complementary objectives. This offensive design is quite far from the German reaction in Spring 1944, based on a more traditional forces organisation, with autonomous commands who act according to their personal analysis of the situation. Hence a lack of power and coordination of the counter-offensive during the first days of the asault.

THE BOLDNESS: CREATE AN EFFECT OF SURPRISE

The decision of bringing all the forces to Normandy surprised the German tacticians, who considered Calais as the natural landing point: near the British shores, easily accessible, and easy to supply in men and equipment. This landing is also a plan based on misinformation and on the conclusion that landing on the Norman shores would be so inconceivable, especially because of the lower tide, increasing the danger, that the Germans would never accept this idea. This front would be considered a diversion. Therefore, the German command would not immediately mobilise the reserve troops.

JUNE 6, THE PRESENT FORCES

The allied armada

In the evening of June 6, more than 150 000 Allied soldiers have set foot on Norman soil, including around 24 000 men parachuted or arrived by gliders. They have 20 000 vehicles, including 1 500 armoured. To participate in D-Day, 6 939 ships have gathered southeast of the Isle of Wight. Among those ships, 4 126 boats are affected to the landing of troops on the Norman beaches. The Allied air supremacy is explained by the 5 000 fighters and the 3 000 bombers accompanying and protecting this armada.

The german troops

Facing them, the Germans can mobilise around 50 000 men on the landing zones. In total, 150 000 soldiers compose the 7th Army stationed in Normandy. But only one armoured division (the 21. Panzer-Division), and only six infantry divisions will be immediately able to fight the Allies near the beaches. Those ground forces can count on a few dozens of fighter planes and bombers. The navy can align around 80 units.

THE ROLE OF THE RESISTANCE, THE ATTITUDE OF THE NORMAN POPULATION

If the French resistance led few direct combats, it proceeded to many sabotage actions, which hurt the supply of troops towards the front. But the Resistance also played a major role in the transmission of informations. The Allied General-Staff evaluated that more than 80% of the useful intelligence was submitted by the French Resistance. Its contribution was therefore essential in the preparation of invasion plans.

The first week of the landings was the deadliest of all the Battle of Normandy for the Norman civilians. Almost half of civilian casualties of the Battle of Normandy (almost 14 000, from June 6 to August 31) died between the 6th and 15th of June 1944. Only on June 6, there were 2 220 civilian deaths. The air bombings accompanying the first day of the assault were extremely deadly. The objective was the destruction of the main Norman cities, and of all the road, railroad, and river junctions. The population paid a heavy price for this "global" strategy. In these conditions, the landings brought a mix of joy and suffering, hard to distinguish. This complex feeling still remains in the testimonies of civilians and veterans. They express a great joy while evoking the feeling of brotherhood, and the feeling of renewal, but they also evoke the terrible wounds associated to the bombings and fights.

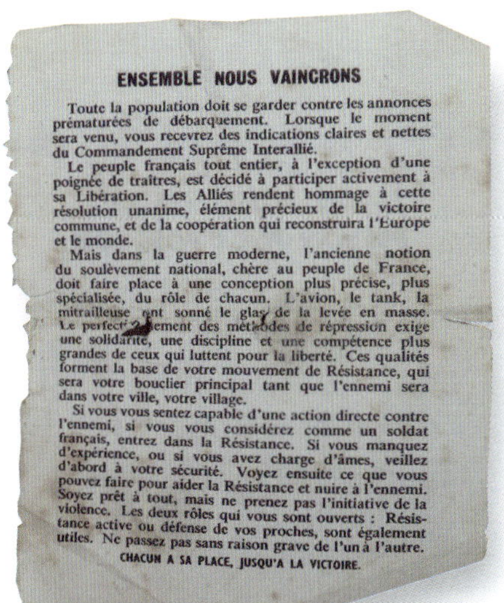

ENSEMBLE NOUS VAINCRONS

Toute la population doit se garder contre les annonces prématurées de débarquement. Lorsque le moment sera venu, vous recevrez des indications claires et nettes du Commandement Suprême Interallié.

Le peuple français tout entier, à l'exception d'une poignée de traîtres, est décidé à participer activement à sa Libération. Les Alliés rendent hommage à cette résolution unanime, élément précieux de la victoire commune, et de la coopération qui reconstruira l'Europe et le monde.

Mais dans la guerre moderne, l'ancienne notion du soulèvement national, chère au peuple de France, doit faire place à une conception plus précise, plus spécialisée, du rôle de chacun. L'avion, le tank, la mitrailleuse ont sonné le glas de la levée en masse. Le perfectionnement des méthodes de répression exige une solidarité, une discipline et une compétence plus grandes de ceux qui luttent pour la liberté. Ces qualités forment la base de votre mouvement de Résistance, qui sera votre bouclier principal tant que l'ennemi sera dans votre ville, votre village.

Si vous vous sentez capable d'une action directe contre l'ennemi, si vous vous considérez comme un soldat français, entrez dans la Résistance. Si vous manquez d'expérience, ou si vous avez charge d'âmes, veillez d'abord à votre sécurité. Voyez ensuite ce que vous pouvez faire pour aider la Résistance et nuire à l'ennemi. Soyez prêt à tout, mais ne prenez pas l'initiative de la violence. Les deux rôles qui vous sont ouverts : Résistance active ou défense de vos proches, sont également utiles. Ne passez pas sans raison grave de l'un à l'autre.

CHACUN A SA PLACE, JUSQU'A LA VICTOIRE.

Tract lancé par avion et récupéré par un habitant de la Manche quelques jours avant le débarquement.

Pamphlet dropped by a plane and taken by a civilian in Manche, a few days before the landings.

LE 6 JUIN, LES FORCES EN PRÉSENCE

L'ARMADA ALLIÉE

Au soir du 6 juin, plus de 150 000 soldats alliés ont mis pied sur le sol normand, dont près de 24 000 hommes parachutés ou déposés par planeurs. Ils disposent de 20 000 véhicules dont 1 500 blindés. Pour participer au jour J, 6 939 navires se sont regroupés au Sud Est de l'île de Wight. Parmi ces navires, 4 126 embarcations sont affectées au débarquement des troupes sur les plages normandes. La suprématie aérienne des alliés s'explique par les 5 000 chasseurs et les 3 000 bombardiers qui accompagnent et protègent cette armada.

LES TROUPES ALLEMANDES

En face, les Allemands peuvent mobiliser environ 50 000 hommes sur les zones du débarquement. En tout, 150 000 soldats composent la 7e Armée stationnée en Normandie. Mais une seule division blindée (la 21e Panzer-Division) et seulement six divisions d'infanterie sont immédiatement en position de combattre les alliés à proximité des plages.

Ces troupes au sol peuvent compter sur quelques dizaines de bombardiers et d'avions de chasse.

La marine peut quant à elle aligner environ 80 unités...

LE RÔLE DE LA RÉSISTANCE, L'ATTITUDE DE LA POPULATION NORMANDE

Si la résistance française a mené peu de combats directs, elle a par contre procédé à de très nombreux sabotages qui ont entravé l'acheminement des troupes vers le front.

Mais la résistance a également joué un rôle déterminant dans la transmission de renseignements. L'état-major allié a évalué que 80% des renseignements utiles aux alliés furent transmis par la résistance française. Sa contribution fut donc cruciale dans la préparation des plans d'invasion.

La première semaine du débarquement fut la plus meurtrière de toute la bataille de Normandie pour la population civile. Presque la moitié des victimes civiles de la bataille de Normandie (près de 14 000, du 6 juin au 31 août) succombèrent entre le 6 et le 15 juin 1944. Ainsi, pour la seule journée du 6 juin, plus de 2 200 morts civils furent dénombrés.

Les bombardements aériens intenses qui ont accompagné la première journée de l'assaut ont été terribles et extrêmement meurtriers. L'objectif était la destruction des principales villes normandes et de tous les nœuds de communication routiers, ferroviaires et fluviaux. La population paya un très lourd tribut à cette stratégie « globale ». Dans ces conditions, le débarquement provoqua un mélange de joie et de souffrance difficile à démêler. Ce sentiment complexe demeure encore dans les témoignages des populations et des vétérans. Evocation de grandes joies lors des moments de fraternité et sentiment de renaissance, mais aussi blessures terribles au souvenir des bombardements et des combats.

L'opération Overlord

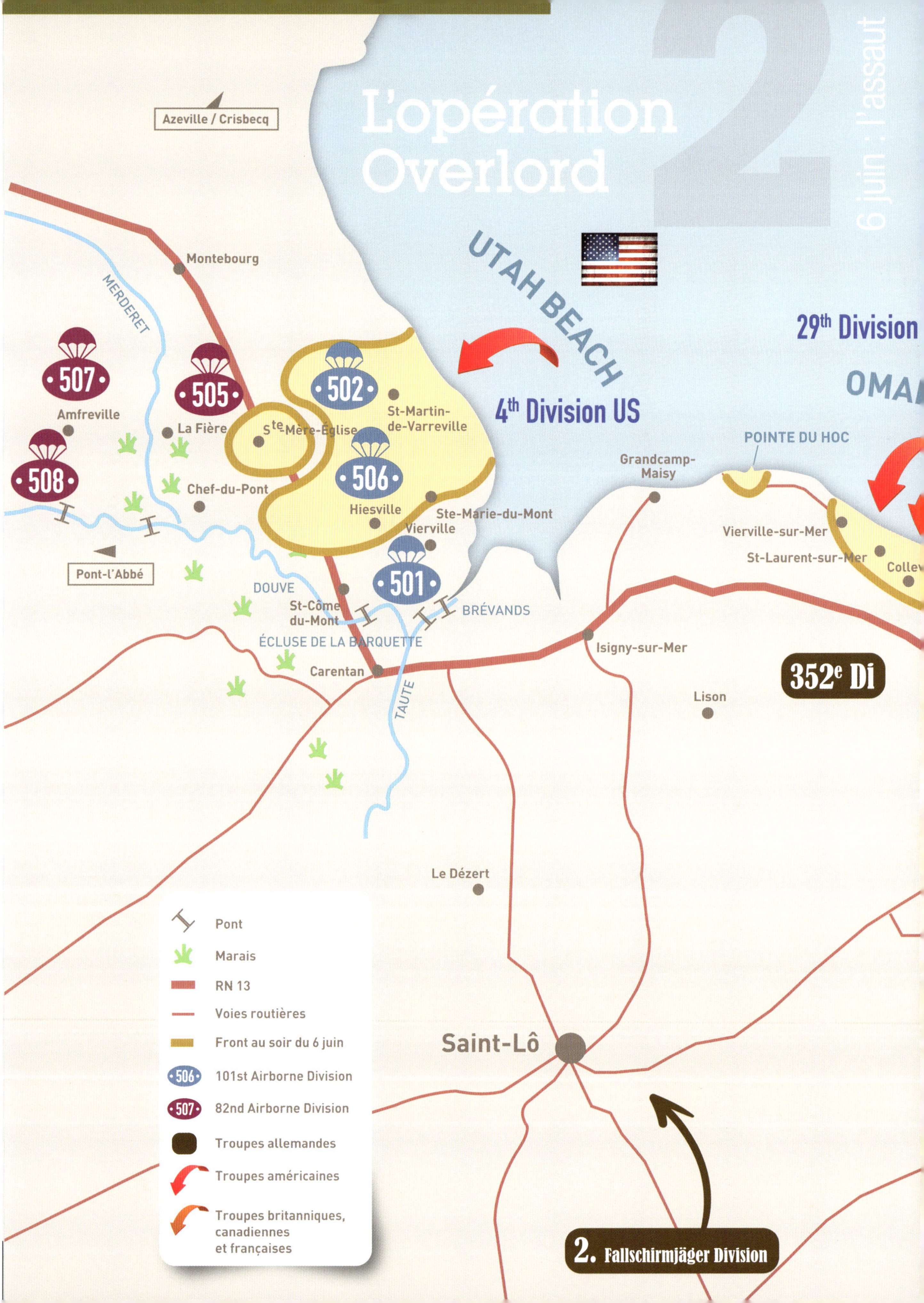

Manche
N
1st Division US
EACH
50th British Infantry Division
GOLD BEACH
3rd Canadian Infantry Division
JUNO BEACH
3rd British Infantry Division
SWORD BEACH
Port-en-Bessin Huppain
Arromanches-les-Bains
Asnelles
Courseulles sur-Mer
Bernières-sur-Mer
St-Aubin-sur-Mer
Luc-sur-Mer
Lion-sur-Mer
Ouistreham
Ver-sur-Mer
Graye-sur-Mer
Douvres-la-Délivrande
RN13
ayeux
Colleville-Montgomery
Amfreville
Ranville
Bénouville
Pégasus Bridge
Bréville
Hérouvillette
6th British Airborne Division
21e Pz
Loucelles
Rosel
VALLÉE DE LA MUE
Buron
Rots
Authie
St-Contest
Abbayes d'Ardennes
Mesnil Patry
St-Manvieu Norrey
Lingèvres
Tilly-sur-Seulles
716e Di
Carpiquet
CANAL
ORNE
Caen
Cagny
Cintheaux
St-Pierre-sur-Dives
Argentan
12e Pz
Villers Bocage

L'As de Cœur...

Ce casque de parachutiste de la 101st Airborne Division porte sur chaque côté un cœur, symbole du 502nd Parachute Infantry Regiment (PIR). Le point qui permet d'identifier le bataillon est peint en bas à droite du cœur.... En principe un positionnement à « 3 heures » identifie le « 1st Battalion », et un positionnement à « 6 heures » le « 2nd Battalion ». Rappelons que ces marquages étaient faits à main levée et les consignes très succinctes... ce casque appartenait donc probablement au « 1st battalion » du 502 Parachute Infantry regiment (PIR). Les documents et témoignages d'époque confirment que ce type de marquage avec indication du « Battalion » est rare pour le 502nd PIR. La plupart des hommes de ce régiment se contentaient de peindre un cœur seul.

Ce casque fut découvert dans la Manche au début des années 2000.

THE ACE OF HEARTS...

This paratrooper helmet from the 101st Airborne Division bears a heart on each side, symbol of the 502nd Parachute Infantry Regiment (PIR). The dot which allows us to identify the battalion is painted on the bottom, on the right of the heart. Technically, a mark placed "at 3 o'clock" identifies the 1st Battalion, and a position "at 6 o'clock", the 2nd Battalion. We need to remember that those markings were hand-painted, and the instructions very brief... this helmet therefore probably belonged to the "1st Battalion" of the 502nd Parachute Infantry Regiment (PIR). The documents and testimonies of the time confirm that those types of markings with an identification of the battalion is fairly rare for the 502nd PIR. Most of the men of this regiment usually only painted a single heart.

This helmet was discovered in Manche in the early 2000's.

6 juin - 0h00 : Saint-Martin-de-Varreville, les « aigles hurlants » attaquent !

June 6 12:00 a.m.: Saint-Martin-de-Varreville the "screaming eagles" attack!

LE 1ST BATTALION EST LE SEUL DES BATAILLONS DU 502ND PIR À ATTEINDRE SON OBJECTIF LORS DU LARGAGE

Le 6 juin à minuit heure française, 36 Dakotas ayant décollé de Membury (dans le comté anglais du Berkshire au sud de l'Angleterre) larguent les hommes du « 1st Battalion » sur les zones de largage WXYZ à quelques kilomètres d'Utah. L'objectif : ouvrir des voies de dégagement au nord d'Utah Beach vers l'intérieur des terres et détruire une batterie d'artillerie allemande (122 mm Howitzer) près de Saint-Martin-de-Varreville.
Le village sera conquis à 6h30 le 6 juin.

ENTRE 1H15 ET 2H00 LES 82ND ET 101ST AIRBORNE DIVISIONS SONT LARGUÉES SUR LE COTENTIN

Leur action est déterminante pour la réussite du débarquement allié : établir des têtes de pont qui protègent le flanc ouest du débarquement, et permettre de dégager des voies d'accès en profondeur pour évacuer matériels et hommes débarqués sur Utah Beach. Le défi est de taille car les marais sont inondés et le bocage normand dans cette zone est très favorable aux actions défensives ennemies.
Au total, dans la nuit du 6 juin, 800 Dakotas vont larguer 13 200 parachutistes sur le sol normand.

Des hommes de la 101st Airborne ont récupéré une moto chenillée allemande Kettenkrad à Carentan le 12 juin. (US Army/Heimdal)

Men of the 101st Airborne Division would find more vehicules abandoner by von der Heydte's paratroopers, tracked motorcycles in particular. Carentan, 12 june 1944. (US Army/Heimdal)

Le General Dwight D. Eisenhower avec les paras du « 502nd Parachute Infantry Regiment » en Angleterre vers 8h30 le 5 juin 1944 (NARA).

General Dwight D. Eisenhower with the paratroopers of the 502nd Parachute Infantry Regiment in England, about 8:30 p.m. on June 5, 1944. (NARA)

THE 1ST BATTALION IS THE ONLY ONE OF THE 502ND PIR TO REACH ITS OBJECTIVE DURING THE LAUNCH

On June 6, at about midnight (French time), 36 Dakotas took off from from Membury (in Berkshire, in the south of England), and dropped the men of the 1st Battalion on the landing zones WXYZ, a few kilometres from Utah. The objective: open arterial roads north of Utah Beach, towards the inland and destroy a German artillery battery (122 mm Howitzer) near Saint-Martin-de-Varreville. The village will be conquered at 6:30 a.m. on June 6.

BETWEEN 1:15 AND 2:00 A.M. THE 82ND AND 101ST AIRBORNE DIVISIONS ARE DROPPED ON COTENTIN

Their action is crucial to the success of the Allied landing: establish bridgeheads to protect the west flank of the landing, and allow to set up access routes to evacuate the equipment and men disembarked on Utah Beach. This is a huge challenge, since the marshes are flooded and the Norman hedgerows in this area are favourable to enemy defensive actions. In total, in the night of June 6, 800 Dakotas will drop 13 200 paratroopers on Norman soil.

2

Les opérations définies pour chacune des divisions parachutistes sont :

• Nom de code Albany pour la 101st Airborne Division, l'objectif étant de s'emparer des quatre routes qui partent d'Utah Beach, détruire la batterie allemande de Saint-Martin-de-Varreville, détruire plusieurs ponts et s'emparer de ceux du canal de Carentan, puis de l'écluse de la Barquette.

• Nom de code Boston pour la 82nd Airborne Division, celle-ci devant s'emparer de Sainte-Mère-Eglise et des passages sur le Merderet dans la zone de La Fière et de Chef-du-Pont.

Si cette mission réussit, le flanc ouest de l'opération Overlord sera contrôlé, ce qui permettra notamment d'engager la bataille de Cherbourg du 14 au 26 juin.

Mais le terrain difficile, la nuit et les erreurs de largages ne permettent pas de regrouper les unités comme prévu. Ce sont souvent des groupes de quelques dizaines d'hommes, constitués à l'improviste avec parfois des parachutistes des deux divisions, montant au combat sous les ordres d'officiers. Cette désorganisation crée paradoxalement une grande incompréhension et de l'insécurité chez les Allemands, incapables d'évaluer les effectifs ennemis et leur stratégie...

En fin de journée, le 6 juin, les objectifs assignés à la 101st Airborne Division sont atteints. La 82nd Airborne Division est dans une situation plus difficile. L'arrivée des renforts par planeurs dès 4 heures du matin et l'engagement des troupes débarquées à Utah Beach permettront d'achever victorieusement cette opération aéroportée.

The defined operations for each paratrooper division are as follows:

Code name Albany for the 101st Airborne division, the objective being to take the 4 roads leaving from Utah Beach, destroy the German battery of Saint-Martin-de-Varreville, destroy several bridges and seize the bridges on the Carentan canal, as well as the sluice of the Barquette.

Code name Boston for the 82nd Airborne Division, which had to seize Sainte-Mère-Eglise and the passages on the Merderet, in the area of La Fière and Chef-du-Pont.

If this mission succeeds, the west flank of Operation Overlord will be controlled, which will allow, among other things, to engage the Battle of Cherbourg from June 14 to 26.
But the rough terrain, night, and the landing errors don't allow to regroup the troops as planned. Often, there are groups of a few tens of men, made up on the spot, sometimes with paratroopers of both divisions, attacking under the orders of an officer. This disorganisation paradoxically creates a great apprehension and incomprehension within the German troops, incapable to evaluate the enemy numbers and strategy...
Near the end of the day, on June 6, the objectives given to the 101st Airborne Division are met.
The 82nd Airborne Division is in a more difficult situation. The arrival of reinforcements by gliders around 4 a.m., as well as the engagement of the troops that landed on Utah Beach will allow to successfully end this operation.

Le lieutenant Kelso C. Horne, 82nd AB (1st Platoon, 1st Company, 508th PIR) pose pour le photographe. (US Army/Heimdal)

Lieutenant Kelso C. Horne, 82nd AB (1st Platoon, 1st Company, 508th PIR) poses for the photographer. (US Army/Heimdal)

LA 101ST AIRBORNE DIVISION MET AU POINT UN SYSTÈME DE RECONNAISSANCE BASÉ SUR LES QUATRE AS DU JEU DE CARTE.

Deux semaines avant le 6 juin l'état-major de la 101st Airborne Division décider de doter la division d'un système de signes tactiques faciles à mémoriser. Ces hommes n'ont pas encore connu le feu, contrairement à ceux de la 82nd Airborne Division qui ont combattu sur le théâtre d'opérations méditerranéen.

Les quatre as du jeu de carte désignent chacun un des Parachute infantry Regiment (PIR). A chaque « As » est associé un trait ou un point à 3h, 6h ou 9h désignant le bataillon (1er, 2ème ou 3ème) ou bien la compagnie (A company, B company, C company) lorsque l'unité est de la taille d'un bataillon.

Consignes sont données de peindre en blanc ces insignes de 4 à 5 cm de hauteur sur chaque côté du casque lourd et du casque léger éventuellement....

Cela se fait à l'initiative de chaque unité, de chaque homme... et avec une grande liberté d'exécution. Les marques sont peintes à main levée, parfois sans les traits d'identification du bataillon.

Ces marques sont spécifiques aux opérations de Normandie. Ultérieurement, elles seront seront reprises (repeintes) mais de taille plus petite, notamment en septembre 1944 en Hollande.

THE 101ST AIRBORNE DIVISION SETS UP A SYSTEM OF RECOGNITION BASED ON THE FOUR ACES OF A DECK OF CARDS.

Two weeks before June 6, the General-Staff of the 101st Airborne decide to set up a system of tactical signs easy to remember. These men haven't met fire yet, as opposed to those of the 82nd Airborne Division who have fought on the Mediterranean theatre of operations.

The four aces of the deck of cards are used to describe each of the Parachute Infantry Regiment (PIR). To each ace is associated a dot or a stripe, placed at 3 o'clock, 6 o'clock, or 9 o'clock, describing the battalion (1st, 2nd, or 3rd), or the company (A company, B company, C company), when the unit is the size of a battalion.

Instructions are given to paint those 4 cm to 5 cm high insignias in white, on each side of the heavy helmet, and eventually on the light helmet.

This will be done on the initiative of each unit, of each men... with a great freedom in the execution. The marks are hand-painted, sometimes without the identification traits of the battalion.

Those marks are specific to the Normandy operations, but will eventually be re-used (re-painted), in a smaller size, notably in Holland in September 1944.

Le censeur a masqué l'emblème de division de ces parachutistes américains de la 101st Airborne. On aperçoit au premier plan une chenillette Renault. (D.F./Heimdal.)

The censor masked the emblem of the division of these American paratroopers of the 101st Airborne. We see in the foreground a Renault tracked vehicle. (D.F./Heimdal)

0h20 : Exeter, les paras du génie décollent

12:20 a.m., Exeter: the paratroopers from engineering take off

LARGAGE PRÉVU SUR ANGOVILLE-AU-PLAIN ENTRE 1H40 ET 1H43

La coiffure présentée porte le « E » des Airborne Engineer Battalion (AEB). Le point à « 9 heures » identifie la compagnie C. Cette pièce présente un marquage complémentaire qui permet de l'affecter au 3rd Battalion du 506th PIR : un rond blanc, situé sur l'arrière, signe uniquement porté (à l'arrière ou l'avant) par ce Battalion. Les lettres sont peintes à main levée, de manière assez grossière et sont surtout très visibles ce qui peut surprendre en zone de combat.

Les « Engineers », unités de soutien du génie, jouent un rôle crucial dans la mise en œuvre du dispositif d'appui et d'accompagnement logistique dans les premières heures des combats.

DROP PLANNED ON ANGOVILLE-AU-PLAIN BETWEEN 1:40 AND 1:43 A.M.

The headgear presented wears the "E" of the Airborne Engineering Battalion (AEB). The dot at "9 o'clock" identifies the C company. This piece presents additional markings which allow us to attribute it to the 3rd Battalion of the 506th PIR: a white circle, located on the back, a sign only worn (on the front or the back) by this Battalion. The letters are hand-painted, rather roughly, and are really visible, which may surprise in combat zones.

Le 326th Airborne Engineer Battalion (AEB) arrive en Angleterre le 5 septembre 1943, depuis New-York. Ce Battalion est divisé en deux compagnies A et B de Glider (planeur) (Able et Baker) et une compagnie C parachutiste (Charly).
Le 6 juin 1944, la compagnie C de parachutistes se compose de 139 hommes dont 8 officiers. La compagnie est organisée elle-même en trois pelotons (1st, 2nd, 3rd) respectivement rattachés au 502nd, 501st et 506th PIR. Une autre coiffure du 326th Airborne Engineer Battalion (AEB) compagnie C figure plus en avant dans l'ouvrage. Elle présente une peinture et des marquages totalement différents, illustrant la grande disparité des marques au sein des mêmes unités.

The engineers, support units of engineering, play a crucial role in setting up the support system, and in the logistics of the first few hours of combat. The 326th Airborne Engineer Battalion (AEB) arrives in England on September 5 1943, from New York. This battalion is divided in two companies of Glider, A and B (Able and Baker), and a C company of paratroopers (Charly). On June 6 1944, the C company of paratroopers is made of 139 men, 8 of which are officers. The company itself is organised in three platoons (1st,2nd,3rd) rattached respectively to the 502nd, 501st, and 506th PIR. Another headgear of 326th Airborne Engineer Battalion (AEB) C company also figures further ahead in this book. It shows totally different paint and markings, which illustrate the lack of unity within the same unit.

Le 5 juin 1944, le sergent Jake Mac Niece peint le visage de Mariano Ferra. Jake Mac Niece commande l'unité du 326th AEB destinée aux opérations de destruction : les « Filthy thirteen » (13 dégeulasses). Objectif : destruction d'un pont de Brévands le 6 juin. Ces hommes se griment de peinture de guerre indiennes et se sont rasés à « l'iroquoise ». (US Army/Heimdal)

June 5, Sergeant Jake Mac Niece is painting Mariano Ferra's face. Jake Mac Niece commands the unity of the 326th AEB intended for the operations of destruction : the « Filthy thirteen ». Mission : destruction of a bridge of Brévands on June 6. These paratroopers make up with Indian war paints and shaved themselves as « Iroquois ». (US Army/Heimdal)

Le marquage des unités parachutiste américaines

Un régiment « Parachute Infantry Regiment » (PIR) se compose de trois « battalions » et d'une « headquarter company ». Lorsqu'une unité, trop petite pour constituer un régiment, est de la taille d'un « battalion » alors le trait identifie la « company ». Ainsi un point ou un trait identifie soit un « battalion » soit une « company » selon le cas.

- le ◆ (page 42) avec trait à 9 heures = 501st PIR, 3rd battalion.
- le **E** (page 46) avec un point à 9 heures = 326th Airborne Engineer Battalion, C company.

American paratrooper units markings

A Parachute Infantry Regiment (PIR) is composed of three battalions and of a headquarter company.
When a unit is too small to be considered a regiment, and is the size of a battalion, then the stripe identifies the company.
Thus, a dot or a stripe either identifies a battalion or a company, depending on the case.

- *the ◆ (page 42) with a stripe at 9 o'clock=501st PIR, 3rd battalion.*
- *the **E** (page 46) with a dot at 9 o'clock = 326th Airborne Engineer Battalion, C company.*

0h20 : Carentan, largage des paras de la 101st AB au-dessus des marais inondés

12:20 a.m., Carentan: Drop of the paratroopers of the 101st AB above the flooded marsh

NOM DE CODE : ALBANY

Ce casque a été porté par un parachutiste de la 101st Airborne Division, appartenant au 501st Parachute Infantry Regiment (PIR) identifié grâce au symbole du « carreau » peint sur le côté. Le trait à 9 heures indique le 3rd Battalion : 501st PIR 3rd B.

Le casque a été repeint en vert foncé brillant avant l'opération en Normandie. De nombreux casques utilisés en Normandie présentent cette peinture vert foncé certainement due à la préparation systématique des matériels avant les opérations d'invasion.

Le 501st PIR est arrivé en Angleterre en janvier 1944, après des entraînements intensifs en Caroline du Nord, dans le Tennessee et en Louisiane.

CODE NAME: ALBANY

This helmet was worn by a paratrooper of the 101st Airborne Division, belonging to the 501st Parachute Infantry Regiment (PIR), identified thanks to the "diamond" sign painted on the side. The stripe at "9 o'clock" indicates the 3rd Battalion: 501st PIR 3rd B.

The helmet was repainted in shiny dark green before the Normandy operation. Many helmets used in Normandy present this dark green paint, certainly due to the systematic preparation of equipment before the invasion operations. The 501st PIR arrived in England in January 1944, after intensive training in North Carolina, Tennessee, and Louisiana.

Ces parachutistes américains de la 101st AB prennent quelques instants de repos. (US Army/Heimdal)

These American paratroopers of the 101st AB take a break. (US Army/Heimdal)

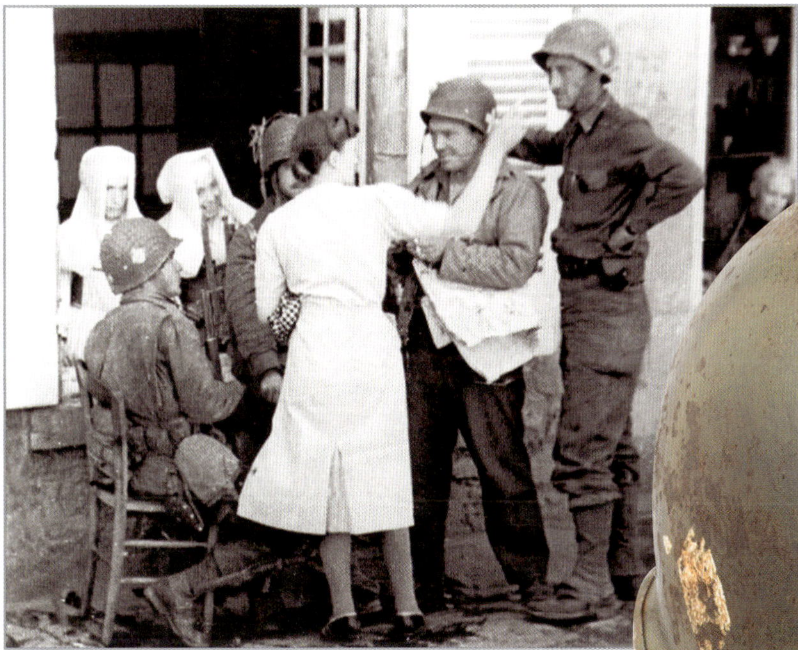

Le 5 juin 1944, à 22h45 le 3rd Battalion quitte Welford (sud-est de l'Angleterre, comté du Berkshire) à bord de 45 Dakotas pour rejoindre les zones de saut situées au nord et à l'est de Carentan.

Les objectifs du 501st PIR : s'emparer des écluses de la Barquette et détruire les ponts sur la Douve.

En raison des mauvaises conditions climatiques, les parachutistes sont dispersés et rencontrent des conditions bien différentes de celles attendues et répétées lors des entraînements.

Face à cette désorganisation, le succès des combats dépend des initiatives individuelles et de l'audace des hommes.

Le 501st PIR participera également à l'appui au débarquement amphibie sur Utah, et à la jonction entre les plages d'Utah et d'Omaha. Le régiment perdra près de 900 hommes (tués, blessés, capturés) lors de ces combats. Le casque présenté appartenait un sous-officier de ce 3rd Battalion (barre horizontale blanche à l'arrière).

On June 5 1944, at 10:45 p.m., the 3rd Battalion leaves Welford (south-east England, Berkshire) aboard 45 Dakotas to join the jumping areas located north and east of Carentan. The objectives of the 501st PIR: take the sluices of the Barquette, and destroy the bridges on the Douve. Because of the bad weather, the paratroopers are scattered and meet different conditions than anticipated during training. In front of this disorganisation, the success of combats depends on individual initiative as well as the audacity of men. The 501st PIR will also participate to the amphibious landings on Utah, and to the junction between the beaches of Utah and Omaha. The regiment will lose almost 900 men (killed, wounded, or captured) during those fights. The helmet shown here belonged to a NCO from this 3rd Battalion (horizontal white stripe on the back).

0h40 : Ste-Marie-du-Mont. Objectifs : les ponts de Brévands

12:40 a.m., Sainte-Marie-du-Mont: Objective, the Brévands bridges

Le parachutage du 506th PIR de la 101st AB était prévu entre Hiesville et Sainte-Marie du Mont (zones C). Malheureusement, bien que les zones aient été balisées par les pathfinders, les C-47 partis dans la nuit depuis Exeter sont déviés de leur trajectoire par la défense anti-aérienne allemande, et les hommes se trouvent dispersés autour de la zone prévue. La mission du 506 PIR 3rd Bn : s'emparer des deux ponts de Brévands, et dès 4h30 une tête de pont est établie sur la rive est du cours d'eau. Dès le lendemain, les parachutistes américains sont confrontés à une terrible contre-attaque menée par le 6. Fallschirmjäger Regiment, le célèbre régiment parachutiste allemand surnommé « les lions de Carentan ».

Ce casque provient de la Manche. Il porte de chaque côté le « pique », insigne distinctif du 506th PIR. Le point figurant à « 9 heures » indique le 3rd Battalion.

The parachuting of the 506th PIR of the 101st AB was planned between Hiesville and Sainte-Marie-du-Mont (C zones). Unfortunately, even though the areas have been marked by the pathfinders, the C-47 that left in the night from Exeter are diverted from their trajectory by the German air defence, and the men are scattered around the intended area. The 506th PIR 3rd Bn's mission: to take the two Brévands bridges, and as soon as 4:30 a.m., a bridgehead is established on the east bank. The next day, the American paratroopers are confronted to a terrible counter-attack led by the 6 Fallschimjäger Regiment, the famous "Carentan Lions". This helmet comes from Manche. It bears on each side the "spade", insignia of the 506th PIR. The dot at "9 o'clock" indicates the 3rd Battalion. According to testimonies and archive photos,

Selon les témoignages et les photos d'archives, seuls les 1st et 3rd battalions portent le point indiquant le « battalion ». Cette pratique n'a pas d'explication connue. Ce casque comporte également une marque spécifique au 3rd battalion : un point est appliqué sur le devant ou sur l'arrière du casque. Cette particularité est confirmée par les photos et le témoignage des combattants.
Sur la coiffure présentée, ce point figure à l'arrière au-dessus de la barre verticale qui indique le grade d'officier.

Le casque a été repeint avant le 6 juin de manière « grossière » avec une peinture vert « pomme », qui en se craquelant laisse apparaitre la teinte originelle très foncée. L'application de peinture « fraiche » préalablement au débarquement est souvent observée.

Abandonné sur le terrain après les combats, cette coiffure est restée dans son état d'origine. Aucun marquage ne permet d'identifier son propriétaire ; les jugulaires ont étés enlevées, probablement pour une réutilisation domestique.

only the 1st and 3rd battalions wore the dot indicating the battalion. This practice has no known explanation. The helmet also has a mark specific to the 3rd Battalion: a dot applied on the front or the back of the helmet. This particularity is confirmed by photos, as well as testimonies from veterans. On the presented headgear, this dot is on the back, above the vertical stripe that indicates the rank of officer. The helmet has been roughly repainted before June 6, in an apple green colour, and the cracks let us see the original dark colour. The use of "fresh" paint before the landing is often observed. Abandoned on the field after the fights, this headgear stayed in its original state. No marks allow us to identify its owner; the chinstraps have been removed, probably for domestic use.

Un groupe de paras de la 101st Airborne Division à bord d'une charrette. (Collection Ripsom)

A group of paratroopers from the 101st Airborne Division in a cart. (Ripsom collection)

1h40 : Saint-Côme-du-Mont, le génie aéroporté se met en position

1:40 a.m., Saint-Côme-du-Mont: the airborne engineering get in positio

OBJECTIF : ÉTABLIR UNE TÊTE DE PONT SUR LA DOUVE

Largué dès les premières heures du 6 juin au-dessus de la Drop Zone D («zone de largage ») entre Saint-Côme-du-Mont et Vierville, le 326th Airborne Engineer Battalion (AEB) doit s'emparer des deux ponts qui enjambent la Douve pour ouvrir la voie vers Utah Beach.

La « Company C » est incorporée pour cette mission en Normandie au sein des 501st, 502nd et 506th régiments de la 101st Airborne Division. Les parachutistes américains du 501st PIR et du 506th remplissent leur mission et tiennent la position jusqu'au 8 juin au soir, malgré la violente contre-offensive des troupes allemandes.

OBJECTIVE: ESTABLISH A BRIDGEHEAD ON THE DOUVE

Dropped in the early hours of June 6 above Drop Zone D, between Saint-Côme-du-Mont and Vierville, the 326th Airborne Engineer Battalion (AEB) must take the two bridges that cross the Douve to open the way towards Utah Beach. The Battalion C is, for this mission in Normandy, incorporated to the 501st, 502nd, and 506th regiments of the 101st Airborne Division. The American paratroopers of the 501st and 506th PIR fulfill their assignment and hold their position until the evening of June 8, despite the violent counter-attack of the German

Carentan, les unités sanitaires US progressent vers le front.
Une ambulance allemande récupérée par les paras américains suit une jeep arborant le drapeau de la croix rouge. (Heimdal, US Army).

Carentan, 12-14 june 1944.
The hospital units continue moving towards the level crossing ; Pictured here is a German ambulance captured by US paratroopers. (Heimdal, US Army).

Ce casque porte la marque « E » du 326th Airborne Engineer Battalion, C compagny (point à « 9 heures »). Il fut certainement porté par un homme affecté au 1st ou 2nd Battalion de la 506th AB. (Voir casque du 3rd Battalion présentée également page 40).
La peinture est d'un vert foncé presque brillant, fréquemment appliquée peu avant le débarquement.
Ce casque a été trouvé sur un vide grenier en 1998 dans le Calvados.
C'est un témoin des combats menés par ces 140 parachutistes du génie qui avaient pour mission d'ouvrir et de préserver les quatre voies d'accès appelées « Causeways » (chaussées) dans les premières heures du 6 juin 1944 pour permettre aux troupes débarquées de progresser rapidement à l'intérieur des terres et de fixer la tête de pont américaine.

troops. This helmet wears the "E" mark of the 326th Airborne Engineer Battalion, C company (dot at "9 o'clock"). It was probably worn by a man affected to the 1st or 2nd Battalion of the 506th AB. (See the helmet of the 3rd Battalion also presented page 40). The paint is of a dark green, almost shiny, frequently applied before the landing. This helmet was found in a yard sale in Calvados in 1998. It is a witness of the fights led by those 140 engineer paratroopers which had to open and preserve the four access roads, called "Causeways", in the first hours of June 6 1944, to allow the troops to progress quickly inside the lands and establish the American bridgehead.

Cap sur Sainte-mère-Eglise

Ce casque a été retrouvé par l'auteur dans une ferme du sud Manche au milieu des années 2000. Il est complet : casque léger (liner) et casque lourd. Le casque lourd est orné d'une étoile blanche sur le devant. Ce marquage est l'une des nombreuses variantes appliquées à la main. Sans doute s'agit-il de l'insigne du 3/505th PIR de la 82nd Airborne Division, bien que celui-ci soit généralement constitué d'une étoile sur fond noir (le rond noir symbolisant le boulet de canon). En effet, les photographies et témoignages font état d'une large étoile blanche sur fond noir, sur les côtés des casques des hommes du 3/505th PIR. Rappelons le, aucun document officiel ne répertorie les marquages des casques des divisions aéroportées US, c'est donc sur la base des témoignages, des photographies d'époque et des objets trouvés sur les zones de combat que l'on identifie ces marquages.

L'authenticité incontestable de cette pièce, laisse à croire qu'il s'agit bien d'une variante de l'insigne de la 82nd division. Cette pièce est par ailleurs étonnante car elle présente une modification très personnelle : la jugulaire d'origine du casque léger a été aménagée avec un système à agrafage rapide... très pratique mais absolument pas réglementaire ! Une modification de terrain certainement postérieure au saut du 6 juin. Le propriétaire de ce casque semblait donc avoir un esprit plutôt pratique.

FOCUS ON SAINTE-MÈRE-EGLISE

This helmet was found by the author in a farm in the south of Manche in the mid-2000's. It is whole: liner, and heavy helmet. The heavy helmet is decorated with a white star on the front. This mark is one of the many hand-painted variations. It is probably the insignia of the 3/505th PIR of the 82nd Airborne Division, even though it usually consists in a star on a black background (the black circle symbolising a cannon ball). Indeed, the photographs and testimonies are reporting a big white star on a black background, on each side of the helmets of the men from the 3/505th PIR. Let's not forget, no official document catalogues the markings of the US airborne divisions, and we can only identify those markings based on photographs, testimonies, and objects found in the combat zones.

The incontestable authenticity of this piece leads us to believe that it is indeed a variation of the insignia of the 82nd division. This piece is even more surprising since it shows a very personal modification: the original chinstraps were modified with a quick staple system, which, while practical, was completely against the rules! A field modification certainly made after June 6. The owner of this helmet seems to have been very practical.

1h57 : Sainte-Mère-Eglise, l'épopée de la 82nd Airborne commence

1:57 a.m., Sainte-Mère-Eglise, the saga of the 82nd Airborne begins

OPÉRATION « BOSTON » : 369 avions C47 larguent les hommes de la 82nd division aéroportée américaine à l'ouest de Sainte-Mère-Eglise. La mission des hommes de la 82nd division aéroportée est d'établir rapidement une ligne de défense sur la rive ouest du Merderet et de se rendre maître des ponts qui l'enjambent à La Fière et à Chef du Pont, mais également de s'emparer de Sainte-Mère-Eglise. Une fois ces positions tenues, deux vagues de planeurs apporteront le soutien d'artillerie en hommes et matériel.

Seul le 505th Regiment réussit sa mission : dès 4h30 le village de Sainte-Mère-Eglise est conquis. Malgré les contre-attaques allemandes, notamment par un bataillon composé de Géorgiens, les parachutistes tiennent leurs positions.

Par contre, les autres objectifs assignés à la 82nd ne pourront être atteints que difficilement en raison de l'éparpillement des parachutistes et des pertes en hommes et matériel. Cette dispersion est due à la réception des sauts dans les zones inondées des marais. Il faudra plusieurs jours de combats pour conquérir le terrain et les ponts.

Le 6 juin, seulement environ 10% des parachutistes atterrissent sur leur zone de largage prévue.

Sur les 13 350 parachutistes des 82nd et 101st engagés dans ces combats, il y aura plus de 1 000 tués, 3 600 blessés et près de 4 500 disparus. Soit plus de 9 100 pertes sur les 13 350 hommes. Ces pertes témoignent de l'engagement et du sacrifice de ces soldats américains. Les difficultés rencontrées lors de cet assaut de nuit provoquent une grande confusion. Celle-ci a pour effet de désemparer les Allemands, incapables d'évaluer le nombre et la stratégie de leurs ennemis. Des contre-attaques sont souvent menées lors des premières heures de combats par des troupes peu aguerries composées de « volontaires » des zones de l'est : polonais, géorgiens,... Les hommes de la 82nd Airborne Division ne seront relevés que début juillet.

Deux parachutistes de la 82nd AB semblent épuisés par les combats. (US Army/Heimdal)

Two paratroopers of the 82nd AB seem exhausted by the fights. (US Army/Heimdal)

OPERATION "BOSTON": 369 C47 aircraft drop the men of the 82nd American airborne division west of Sainte-Mère-Eglise. The mission of the men of the 82nd airborne division is not only to quickly establish a defensive line on the west bank of the Merderet, and to master the bridges crossing it at La Fière and Chef du Pont, but also to seize Sainte-Mère-Eglise. Once those positions are held, two waves of gliders will bring artillery support in men and equipment. Only the 505th Regiment fulfill its mission: as soon as 4:30 a.m., the village is conquered. Despite the German counter-attacks, especially from a battalion composed of Georgians, the paratroopers hold their positions. However, the other objectives assigned to the 82nd will only be fulfilled with great effort, because of the scattering of paratroopers and the losses both of men and equipment. This dispersion is due to the reception of jumps in the flooded areas of the marsh. It will take many days of combat to conquer the land and bridges. On June 6, only about 10% of the paratroopers land on the designated drop points. Of the 13 350 paratroopers of the 82nd and 101st engaged in those fights, there will be more than 1 000 killed, 3 600 wounded, and nearly 4 500 missing. Which totals to 9 100 losses out of the 13 350 men. These losses are a testimony to the engagement and sacrifice of these American soldiers. The hardships met during this assault provoke a great confusion, which causes a great distraught among the Germans, since they can't evaluate the numbers of the enemy, nor their strategy. Counter-attacks are often led during the first hours of combat by novice troops, composed of "volunteers" from the eastern zones: Poles, Georgians... The men of the 82nd Airborne Division will only be relieved in early July.

2h30 : Amfreville et la Fière, les marais inondés piègent les paras

2:30 a.m., Amfreville and la Fière: the flooded marsh trap the paratroopers

2H30 LA 82ND SAUTE AU-DESSUS DES MARAIS INONDÉS D'AMFREVILLE ET DE LA FIÈRE

La 101st Airborne Division applique le système de marquages des as du jeu de carte. Système simple de reconnaissance des « amis ».
Mais pour la 82nd Airborne Division, pas de marquage systématique. C'est une division aguerrie par les combats du théâtre d'opération méditerranéen. Des insignes tactiques peints apparaissent toutefois sur les coiffures du 2nd Battalion du 504th Parachute Infantry Regiment :

2:30 A.M. THE 82ND JUMPS ABOVE THE FLOODED MARSH OF AMFREVILLE AND LA FIERE

The 101st Airborne Division applies systematically the marking system of the four aces. A simple identification system to recognize the "friends". But, for the 82nd Airborne Division, there are no systematic markings. It is a division hardened by the fights in the Mediterranean theatre of operations. Painted tactical insignias, however, appear on the headgears of the 2nd battalion of the 504th Parachute Infantry Regiment:

une croix ansée bleue, symbole égyptien de la vie éternelle. Au sein de la 82nd Airborne Division les pratiques sont très variées.

La grande majorité des coiffures de la 82nd Airborne Division ne porte aucune marque. C'est le cas en particulier des 507th et 508th PIR, à quelques rares exceptions. La coiffure présentée fut trouvée début 2000 en Normandie. Casque lourd et casque léger sont vierges de tout marquage. Cette absence de personnalisation ramène l'objet à sa fonction guerrière, anonyme et fonctionnelle. Une fleur de rouille a recouvert la coque d'acier, le jonc en inox a perdu sa peinture de camouflage. Le casque est complet, seule la jugulaire a disparu. Ce souvenir laissé en Normandie est le témoignage anonyme d'un parachutiste de la 82nd Airborne.

a blue ankh, Egyptian symbol of eternal life. Among the 82nd Airborne Division, the practices vary. The great majority of the 82nd Airborne Division's headgears wear no distinctive sign. It is the case of the 507th and 508th PIR, except in some rare cases. The presented headgear was found in the early 2000's in Normandy. The heavy and the light helmet show absolutely no mark whatsoever. This absence of customisation brings the object to its warrior role, anonymous and functional. Rust has covered the steel shell, the stainless steel seam has lost its camouflage paint. The helmet is whole, only the chinstraps have disappeared. This souvenir left in Normandy is the anonymous testimony of a paratrooper from the 82nd Airborne.

Un groupe de paras de la 101st Airborne Division rencontre des civils près de la pompe à eau à Sainte Marie-du -Mont (DAVA/Heimdal)

A group of paratroopers from the 101st Airborne Division meet with civilians near the water pump in Sainte-Marie-du-Mont (DAVA/Heimdal)

2

L'équipement du para américain

The American paratrooper's equipment

Des objets emblématiques

Emblematic objects

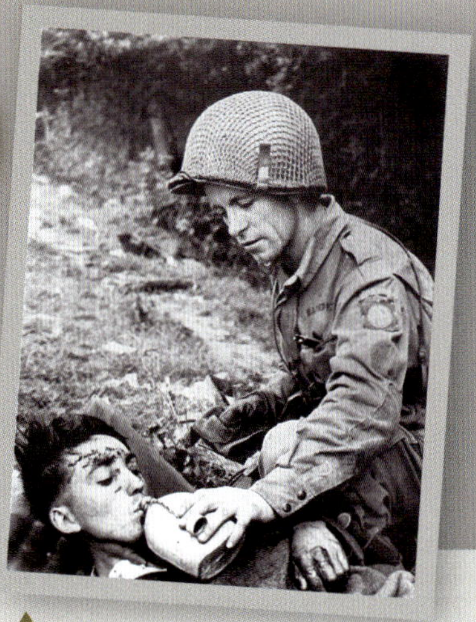

Un «Medic» de la 82nd Airborne Division donne à boire à un blessé allemand. 7 juin, Sainte-Mère-Eglise. (US Army)

This Medic of the 82nd Airborne Division gives first aid to a wounded German. On June 7, Sainte-Mère-Eglise. (US Army)

La lampe torche TL 122 et la boussole de poignée restent emblématiques de l'équipement standard du parachutiste américain. Ces deux objets indispensables à l'action de nuit sont en plastique vert. Objets utiles et fascinants de modernité pour les Français après de longues années de pénurie industrielle, ils seront souvent conservés et réutilisés à des fins plus laborieuses et pacifiques.

Le poignard présenté est assez exceptionnel. Il s'agit d'un poignard V42 Stiletto (fabriqué seulement à 2 000 ou 3 000 exemplaires, seuls quelques dizaines d'exemplaires subsistent) mis au point pour les troupes spéciales américaines de la 1st Special Service Force (1st SSF). Cette unité de choc était constituée d'Américains et de Canadiens. Elle s'est illustrée en Italie et lors du débarquement de Provence en particulier. Pas en Normandie... où cette arme a pourtant été retrouvée dans le Calvados il y a quelques années chez un particulier qui la détenait depuis la Libération. S'agit-il d'une arme personnelle acquise par un parachutiste de la 1st Canadian Parachute Battalion qui combattît au côté de la 6ème division parachutiste britannique ? Ou d'un membre des SAS intervenu pour la préparation des opérations du débarquement ? L'étui est quant à lui le modèle règlementaire US M6.

The TL 122 flashlight and the wrist compass *remain emblematic objects of the standard American paratrooper equipment. These two objects, essential to night actions, are made of green plastic. Fascinating and useful objects, incredibly modern for the French who have suffered an industrial shortage, they will be kept and reused to more pacific ends.*

The dagger *presented here is quite exceptional. It is a V42 Stiletto dagger (only 2000 or 3000 were made, and only a few dozens remain), made for the American special forces of the 1st Special Service Force (1st SSF). This shock unit was composed of Americans and Canadians. It was deployed in Italy, and particularity shined during the Provence landings. Not in Normandy... where this weapon was found, in Calvados, a few years ago, in the house of a man who owned it since the Liberation. Is it a personal weapon obtained by a paratrooper of the 1st Canadian Parachute Battalion, who fought next to the 6th British parachute division? Or does it come from a SAS member who intervened in the preparations for the landings? The sheath is a regulatory model US M6.*

Des jouets d'enfants pour signe de reconnaissance

Children's toys used for identification purposes

L'idée de pouvoir s'identifier dans l'obscurité de manière efficace et « discrète » vint de l'expérience des parachutages sur la Sicile en 1943. Aussi, pour la Normandie, les hommes de la 101st Airborne Division furent-ils officiellement dotés de « criquets » en laiton fabriqués par la firme anglaise de jouets « THE ACME ». Ces « criquets » furent distribués en nombre avant le saut sur la Normandie. Quant aux hommes de la 82nd... ils ne reçurent pas ces fameux criquets. Pourtant, certains achetèrent tout de même des criquets qui n'étaient autres que des jouets d'enfants. Bien que controversée cette version est confirmée par les témoignages d'anciens de la 82nd Airborne Division et par les nombreux « criquets – jouets » conservés en souvenirs par les normands. L'illustration présente (de gauche à droite) : un « criquet – jouet » revêtu d'une peinture phosphorescente, un autre non peint et un criquet « type » 101st Airborne Division retrouvé sur une zone de saut près de Sainte-Mère-Eglise début 2000. Le premier « criquet – jouet » avait été conservé par un habitant de la Manche en souvenir, le second a été acheté quelques francs sur un vide grenier à la fin des années 1990.

The idea of being able to identify people in the dark efficiently and "discreetly" came from the experience of the parachute drops in Sicily in 1943. Therefore, in Normandy, the men of the 101st Airborne Division were officially given brass "crickets" made by "THE ACME", an English toy company. Those "crickets" were distributed massively before the drops in Normandy.
The men of the 82nd did not receive those famous crickets. However, some of them bought them anyway, even if they were nothing else than children's toys. Even though controversial, this version is confirmed by the testimonies of veterans from the 82nd Airborne Division, as well as by the sheer number of crickets found and kept as souvenirs by the Normans. The illustration shows (from left to right): a cricket with a fluorescent paint, another not painted, and a cricket "type" 101st Airborne Division, found in a drop zone near Sainte-Mère-Eglise in the early 2000's.
The first "cricket toy" was kept by a Manche inhabitant, the second one was bought for a few francs in a yard sale in the late 1990's.

Posée sur une carte en soie, une ration d'alimentation de type « K ». Cette carte de la Normandie imprimée sur de la soie a été pieusement conservé par une famille normande.

On a silk map, a type "K" food ration. This map of Normandy printed on silk was religiously preserved by a Norman family.

La 6ème Airborne

Les parachutistes anglais portaient indifféremment deux modèles de casques. Le casque présenté ici est tellement conforme à celui présenté sur la photo d'époque de la page suivante qu'on pourrait penser qu'il s'agit du même : peinture kaki mate avec un filet à petites mailles et des bandes de jute de couleurs marron et kaki. L'effet camouflant est extrêmement efficace et, même si une certaine similitude existe avec le casque de parachutiste allemand, il est devenu un des symboles du courage des combattants anglais. A l'intérieur, des bandes de toile et un bandeau en cuir brun (daté 1944 et fabriqué par l'usine BMB). Un autre modèle avec une bande de caoutchouc destinée à protéger des chocs autour de la bombe de la coiffure est présenté page suivante. Il dotait également la 6ème Airborne Division. Point commun aux deux exemplaires, une épaisse jugulaire de cuir noir enserrant parfaitement le crâne et rendant quasiment impossible sa « désolidarisation » lors de l'atterrissage.

THE 6TH AIRBORNE

The English paratroopers wore indifferently two versions of this helmet. The helmet shown here is so similar to the one shown next page in the period pictures that we could think it is the same one: khaki paint, net with small meshes, and khaki and brown jute bands. Inside, we find cloth bands, as well as a leather headband (with the date 1944, and the name of the factory, BMB). Another version, with a rubber band around the shell to protect from shocks, is presented on the next page. It was also worn by the 6th Airborne Division. A common trait between the two versions: the thick black leather chinstraps which perfectly supported the skull, and made "uncoupling" almost impossible during landing.

0h15 : Bénouville et Ranville, les paras s'emparent des ponts sur l'Orne et le canal

12:15 a.m., Bénouville and Ranville: the paratroopers seize the bridges in the Orne and the canal

Chargée de sécuriser la partie est du débarquement, la 6ème brigade de la 6ème division parachutiste anglaise va effectuer l'un des coups de main les plus audacieux de toute l'histoire militaire : Atterrir près des ponts sur l'Orne et en prendre possession avant que les Allemands ne puissent les détruire. Objectif : Empêcher une contre-attaque par les forces allemandes situées à l'est de la zone et permettre aux troupes qui vont débarquer de progresser vers la Haute Normandie. Les pilotes réussissent l'exploit de poser leurs planeurs à quelques mètres des ponts de Bénouville sur le canal (qui est depuis surnommé Pegasus Bridge, en mémoire de l'insigne ornant les uniformes des paras anglais, un cheval ailé pégase) et de Ranville sur l'Orne (pont tournant moins bien défendu que le premier).

La rapidité d'exécution liée à la surprise va permettre de réussir cet exploit. Les paras tiennent ensuite le pont et ses alentours, malgré plusieurs contre-attaques peu structurées mais violentes, toute la matinée. Les commandos de Lord LOVAT, débarqués à Ouistreham (Sword Beach), les rejoindront à 13h30 après avoir longé le canal de Caen à la mer sur quatre kilomètres.

A l'est, les brigades parachutées doivent sécuriser la zone et se mettre en capacité de repousser toute contre-offensive allemande. La batterie de canons de Merville doit être mise en incapacité de bombarder les troupes alliées qui approchent des plages. C'est encore un exploit qui sera réalisé contre cette forteresse à 4H30 du matin en 15 minutes de combats acharnés. Jamais les ponts ne pourront être repris ni détruits. Aujourd'hui encore, ce haut lieu de l'histoire militaire britannique est visité par 400 000 personnes chaque année.

« Les anges aux visages sales » ont inscrit sur le planeur les noms de leurs petites amies : Margaret, Joyce, Margie, Kath, Olive et Elsie. (IWM/Heimdal)

The "Angels with dirty faces" have written on the glider the names of their girlfriends: Margaret, Joyce, Kath, Olive, and Elsie. (IWM/Heimdal)

Panneau occultant de black out placé face aux hublots des planeurs de Pegasus Bridge le 6 juin.

Black out cover placed in front of the portholes of Pegasus Bridge's gliders on June 6.

Since it had to secure the east part of the landings, the 6th brigade of the 6th British parachute division will try one of the gutsiest move in all military history: land near the bridges on the Orne river and take them before the Germans destroy them. Objective: Prevent a counter-attack by the German forces located east of the area and allow the landing troops to progress towards Haute-Normandie (High Normandy). The pilots manage to land their gliders a few metres from the bridges of Bénouville on the canal (since then re-named Pegasus Bridge, in memory of the insignia on the British paratrooper's uniform, a pegasus), and of Ranville sur l'Orne (turning bridge, less defended than the former). The swiftness in execution, tied to the element of surprise, will allow this incredible feat to succeed. The paratroopers then take the surrounding bridges, despite many disorganised, but violent counter-attacks. Lord Lovat's commandos, landed in Ouistreham (Sword Beach), will join them at 1:30 p.m., after following the coast line of the Caen canal to the sea on 4 kilometres. Eastwards, the parachuted brigades must secure the area and be able to repel any German counter-offensive. The artillery battery of Merville must be incapacitated, so it can't bombard the Allied troops approaching the beaches. It is another feat that will be performed against this fortress at 4:30 a.m., after 15 minutes of intense combat. The bridges will never be destroyed, or retaken. Today, this high place of British military history is visited by 400 000 people each year.

Peu avant le 6 juin un parachutiste anglais devant un planeur Horsa. (IWM)

A little before June 6th, an English paratrooper stands before a Horsa glider. (IWN)

Le pont de Bénouville devient «Pegasus Bridge»

The Bénouville bridge becomes Pegasus Bridge

Ce casque de parachutiste anglais 1er modèle porte une bande de caoutchouc, noire à la base, celle-ci est souvent repeinte en vert pour des raisons de camouflage. La jugulaire à quatre brins fermant par une boucle à friction garantit un maintien sûr.

This English paratrooper helmet 1st model has a black rubber band on the base. It was often painted for camouflage reasons. The four points chinstrap with a friction buckle guarantees a secure hold.

Des parachutistes anglais d'une unité sanitaire embarquent dans un planeur Horsa, c'est le grand départ. (IWM/Heimdal)

English paratroopers from a medical unit board a Horsa glider, it's time to go. (IWM/Heimdal)

Cette photo exceptionnelle prise le 6 juin montre l'arrivée de planeurs au nord de Caen. (Collection privée)

This exceptional photograph shows the arrival of gliders north of Caen. (Private collection)

Planeurs Horsa pris en photo par la même personne. (Collection privée)

Horsa gliders photographed by the same person. (Private collection)

L'art du camouflage

Casque de parachutiste allemand modèle 1938 du Fallschirmjäger-Regiment 6 de la 2ème division parachutiste. Ce casque très bien conservé, arbore encore un camouflage typique de ce régiment, constitué d'une base ocre agrémentée de bandes et taches vertes, particulièrement bien adaptées pour se fondre dans le bocage manchois à cette saison. Le cuir intérieur porte les marquages simplifiés des fabrications de guerre.

L'histoire n'a pas conservé le nom complet du soldat, qui avait simplement inscrit ses initiales « HR » sur le pourtour du cuir intérieur.

Cette pièce a été retrouvée dans les années 70 à côté de Fougères, avec trois autres casques. Il s'agit probablement de troupes éparses ayant évacué la Manche pour rejoindre la Bretagne, qui furent alors défaites fin juillet 1944.

THE ART OF CAMOUFLAGE

German paratrooper helmet, model 1938, from the Fallshimjäger-Regiment 6 of the 2nd Paratrooper Division. This incredibly well preserved helmet still shows the camouflage patterns characteristic to this regiment, made of an ochre coloured base with green stripes and spots, particularly well adapted to blend in the Manche hedgerows at this time of year. The leather interior wears the simplified markings of the war productions.

History didn't keep the full name of the soldier, who wrote his initials "HR" on the edge of the leather interior.

This piece was found in the 70's, near Fougères, along with three other helmets. They probably come from scattered troops having evacuated Manche to reach Brittany, which were defeated in July 1944.

Dès l'aube, les « Lions de Carentan » contre-attaquent !

At dawn, the "Carentan Lions" strike back!

Parachutiste allemand équipé d'un casque camouflé identique à celui présenté. Il est armé du redoutable lance-roquettes antichar connu sous le nom de Panzerschreck (« terreur des blindés »), équivalent allemand du bazooka. (BA/Heimdal)

German paratrooper equipped with a camouflage helmet, identical to the one presented. He is armed with the formidable anti-tank rocket launcher known as "Panzerschrek" (the armoured vehicles' terror), which is the German equivalent of the bazooka. (BA/Heimdal)

Début mai 1944, le Fallschirmjäger-Regiment 6 placé sous les ordres de Friedrich von der Heydte est transféré dans le Cotentin. C'est l'unité la plus proche du front le 6 juin. C'est donc une des seules unités d'élite allemandes prête au combat à proximité des plages. Le 5 juin au soir, von der Heydte est prévenu des mouvements massifs de navires et de la concentration d'avions sur les aérodromes anglais. « L'invasion » est imminente.
Dans la nuit du 5 au 6 juin, le 6ème régiment parachutiste allemand stationné vers Périers dans la Manche est mis en alerte. Les parachutistes allemands vont violemment s'opposer aux éclaireurs de la 101st Airborne Division durant les premières heures du 6 juin.
Les parachutistes allemands sont repoussés jusqu'à Carentan, qui constitue le verrou entre les deux têtes de pont que sont Utah et Omaha. Hitler donnera l'ordre de défendre le terrain jusqu'au dernier homme !
Carentan ne sera évacuée par les parachutistes allemands que le 11 juin. Ils feront alors la jonction avec la 17ème Division SS de Panzer Grenadier pour lancer une contre-attaque. Cette résistance féroce provoqua l'admiration du général allemand von Choltitz qui les surnomma «LES LIONS DE CARENTAN».
La campagne de Normandie coûtera 80% de pertes au 6ème régiment parachutiste allemand. Certains des survivants se trouveront ensuite encerclés dans la poche de Falaise ou reflueront vers la Bretagne.

In the beginning of May 1944, the Fallschimjäger-Regiment 6, placed under the command of Friedrich von der Heydte, is transferred in the Cotentin. It is the unit closest to the front on June 6. It is therefore one of the few elite units ready to fight near the beaches. In the evening of the 5th of June, von der Heydte is warned of massive ship movements, and of plane concentrations in the English airfields. "Invasion" is imminent. In the night of the 5th-6th of June, the 6th German paratrooper regiment, stationed near Périers, is alerted. The German paratroopers will violently face the scouts from the 101st Airborne Division in the early hours of June 6.
The German paratroopers are pushed up to Carentan, which is the lock between the two bridgeheads that are Utah and Omaha. Hitler orders to defend the ground until the last man!
Carentan will only be evacuated by the German paratroopers on the 11th of June. They will then join up with the 17th SS Division of Panzer Grenadier to launch a counter-attack. This fierce resistance brought the admiration of German General von Choltitz, who nicknamed them the "CARENTAN LIONS".
The Normandy campaign will cost about 80% of the 6th German paratrooper regiment. Some of the survivors will find themselves surrounded, trapped in the Falaise pocket, and others will recede back towards Brittany.

Le casque du para BURS

Helmet of the BURS paratrooper

Ce casque de parachutiste a été récupéré en Bretagne, à la limite du sud Manche. Outre son état remarquable de conservation, il a une particularité notable : Le soldat, probablement par commodité, a modifié la jugulaire, initialement à 4 brins et enserrant toute la tête, pour en faire une simple bride passant sous le menton. Initialement formées pour sauter en parachute, en 1944 ces troupes ne sont plus que des troupes à pied, au même titre que les fantassins. Le soldat a inscrit son nom « BURS » à la peinture blanche sur le rebord de son casque.

This paratrooper helmet was found in Brittany, at the border with southern Manche. Besides its incredible state of preservation, there is another particularity: The soldier, probably for convenience, modified the chinstrap, originally with four strips, to become a chinstrap with a single strip, to be placed under the chin. Initially trained to parachute jump, these troops are in 1944 nothing more than foot soldiers. The soldier wrote his name "BURS" with white paint on the edge of his helmet.

Inédites, cette photo montre des parachutistes rejoignant le front avec des moyens dérisoires, à pied et à vélo. Bientôt, ils devront ajuster leur casque, rempart parfois bien dérisoire face à la machine de guerre alliée, mieux dotée et organisée en cette fin de conflit. (Collection privée)

This exclusive photograph shows paratroopers joining the front by laughable means, on foot and by bike. Soon, they'll have to adjust their helmets, a sometimes ridiculous protection against the well-oiled allied war machine, which is better equipped and organised near the end of the war. (Private collection)

Ce jeune para allemand regarde le ciel avec inquiétude, la menace aérienne étant omniprésente en Normandie. (BA/Heimdal)

This young German paratrooper worries while watching the sky, since the airborne threat is everywhere in Normandy. (BA/Heimdal)

Ces parachutistes allemands se préparent au combat. Plusieurs «Jäger» (chasseurs) portent des bandes de cartouches pour alimenter la mitrailleuse MG 42. Trois d'entre eux portent un filet sur leur casque. (BA/Heimdal)

These German paratroopers are getting ready for combat. Many hunters "jägers" carry ammunition belts for the MG 42 machine gun. Three of them wear a net over their helmets. (BA/Heimdal)

L'unteroffizier BLOS, para en Normandie

The unteroffizier BLOS, paratrooper in Normandy

Les unités parachutistes avaient été dotées d'un casque de saut spécifique, conçu à partir de la forme classique du casque allemand, mais avec un rebord très court en raison du risque que la bordure arrière vienne briser la nuque du porteur lors de à l'atterrissage.
Soucieux de se protéger dans leurs combats essentiellement défensifs, les Allemands vont adopter une multitude de camouflages pour leurs casques. Sans aucune directive réglementaire, les schémas choisis vont se baser sur une approche pragmatique de l'environnement. Appliquées à la main ou au pistolet, les couleurs seront souvent celles servant aux véhicules, mais aussi parfois des peintures d'origine civile.
Trois objectifs essentiels de camouflage sont privilégiés :
› Empêcher tout reflet : Les peintures sont donc mates, ou mélangées avec de la sciure, du ciment, du sable, ...
› Casser les lignes du casque : On trouve donc le plus souvent des bandes de couleurs ou des taches.
› Se fondre avec l'environnement : Les couleurs choisies sont donc en harmonie avec le bocage normand. Du vert, du marron, du jaune ocre sont les teintes de base.
Le sous-officier BLOS a respecté ces principes en adoptant un camouflage fondu à trois couleurs. Mais, comme

The paratroopers were equipped with specific helmets designed for jumping, made from the classic German helmet shape, but with very short ends, to avoid that the brim breaks the neck of the wearer during landing. To protect themselves during essentially defensive combats, the Germans will adopt a variety of camouflages for their helmets. Without any regulation, the selected patterns will be chosen based on the environment. Applied by hand or spray-painted, the colours will often be the same as those used for the vehicles, but will also sometimes be of civil origin. Three essential camouflage objectives will be favoured:
– Avoid all reflection: the paint will be matte, or mixed with sawdust, sand, or cement...
– Break the helmet lines: We will then find coloured stripes and spots.
– Blend in with the environment: The selected colours will go with

c'est souvent le cas, par fierté de son appartenance au corps des parachutistes il a laissé visible l'aigle volant aux ailes déployées sur le côté gauche.

La coiffe en cuir comporte différents marquages : Un rectangle appliqué lors de la fabrication avec les tailles de la coque en acier et de la coiffe (ici taille 56). Un marquage personnel est effectué au crayon noir sur la coiffe « Uffz Blos », soit sous-officier Blos.
On remarque le caractère spécifique de l'intérieur des casques de saut. Des tampons amortisseurs caoutchoutés dans le fond et sur les côtés, un cuir alvéolé en deux parties cousues au centre. Même si en 1944, les unités parachutistes ne combattent plus qu'au sol depuis plusieurs années et le plus souvent dans des situations défensives, le casque de saut reste employé quasiment à 100%.
Le sous-officier Blos a survécu à la bataille de Normandie et échappé à l'encerclement dans la poche de Falaise d'août 1944. Son casque a été retrouvé sur les bords de Seine il y a quelques années. L'histoire ne nous dit pas s'il a passé la Seine et s'il a survécu.
Retrouver une coiffure en Normandie signifie souvent que son propriétaire a été tué, blessé ou fait prisonnier. De façon spontanée dans un camp comme dans l'autre, les tombes provisoires vont souvent se voir ornées du casque du soldat mort, en un ultime hommage.

En matière de camouflage, les paras du Fallschirmjäger-Regiment 6 vont adopter deux couleurs de base, le jaune et le vert (voir le casque présenté en tête du chapitre), que l'on va voir appliquées au pinceau ou au pistolet.
Cette relique de casque d'un para porte encore ces deux couleurs vives, malgré les années passées sous les intempéries.

For camouflage, paratroopers of the Fallschimjäger-Regiment 6 will adopt two main colours, which are yellow and green (see the helmet at the beginning of the chapter), spray-painted or applied by hand. These remains of a paratrooper helmet still show these two colours, even after all the years spent under the severe weather.

the Norman hedgerows. Green, brown, and yellow ochre are the base colours.
The unteroffizier BLOS respected these principles by using a blended camouflage with three colours. But, as is often the case, by pride of belonging to the paratrooper corps, he left visible the eagle on the left side.

The leather headgear shows three different markings: A rectangle applied during fabrication with the size of the steel shell and the leather interior (here, size 56). A personal mark was added inside with a black marker pen, "Uffz Blos", for Unteroffizier Blos. We can see here the characteristic of the paratrooper helmet. There are dampening pads on the sides and at the bottom, and the leather with holes in two part, sewn at the center. Even if, in 1944, the paratrooper units have only been fighting on the ground for many years, and the fights were primarily defensive, the jumping helmet was used almost 100% of the time.
The unteroffizier Blos survived the battle of Normandy, and managed to avoid being trapped in the Falaise pocket of August 1944. His helmet was found on the banks of the Seine a few years ago. We do not know if he crossed the Seine, or if he survived. To find headgear in Normandy often means that the owner was killed, wounded, or taken prisoner. Spontaneously, on either side, temporary tombs will be adorned with the helmet of the fallen soldier, in a final tribute.

Trois casques abandonnés…

Voici trois exemplaires du casque parachutiste développé en 1938. Chacun de ces casques porte une peinture mate gris-vert, appelée feldgrau par les Allemands, et que les Français ont d'abord traduit par vert-de-gris. Par extension, ce terme a désigné ensuite toutes les troupes allemandes d'occupation. Toutes ces coiffures portent, bien visible, l'aigle spécifique de la Luftwaffe, l'armée de l'air allemande.

Ces trois casques proviennent tous des lieux mêmes des combats. Le deuxième fait partie d'un lot trouvé à Fougères dans les années 70.

THREE ABANDONED HELMETS

Here are three examples of the paratrooper helmet developped in 1938. Each helmet is painted in a green-gray matte colour, called "feldgrau" by the Germans, and "vert-de-gris" by the French. By extension, this term then designed all the occupying German troops. Every helmet shows, very clearly, the specific eagle of the Luftwaffe, the German air force. These three helmets all come from the same battleground. The second one comes from a set found in Fougères in the 70's.

BADGE PARACHUTISTE

Ce badge trouvé dans la Manche, vers Roncey, a appartenu à un parachutiste de la même unité. Ce brevet, puisque décerné pour avoir réalisé des sauts en parachute, était porté sur l'uniforme, même au combat. Lors de la bataille de Normandie, les paras allemands portent sur leur uniforme une longue blouse de saut, elle aussi camouflée, parfois gris-vert.

PARATROOPER BADGE

This badge found in Manche, near Roncey, belonged to a paratrooper of the same unit. This badge, since it was awarded for parachute jumps, was worn on the uniform, even during combat. During the battle of Normandy, the German paratroopers wore a long jump smock, also camouflaged, sometimes green-grey.

Les casques de parachutistes sont aujourd'hui rares et très recherchés par les collectionneurs du monde entier. Les premières copies en sont donc apparues dès les années 70, souvent sur la base de casques tout à fait originaux employés par des unités spéciales de la République Fédérale Allemande après la guerre. Cote élevée oblige, le marché est aujourd'hui envahi des copies refaites de A à Z en Chine ou dans les pays de l'Est. Comme c'est souvent le cas en matière de faux, les techniques s'améliorent et les différences avec les originaux sont progressivement corrigées par les faussaires. Le collectionneur intéressé devra donc se munir d'une sérieuse documentation et s'adresser à des vendeurs reconnus.

The paratrooper helmets are now rare, and sought-after by collectors from all over the world. The first copies appeared in the 70's, often made from original helmets used by the Federal Republic of Germany after the war. Since they are so in demand, there are today many copies on the market, completely made up from A to Z, manufactured in China or in Eastern Europe. As is often the case in falsification, the techniques improve, and the errors are gradually corrected by the counterfeiters. The serious collector will therefore have to be careful, well documented, and will need to buy from well-known sellers.

PLAQUE D'IDENTITÉ DU 6ème RÉGIMENT DE PARACHUTISTES.
Les plaques d'identité sont portées autour du cou et comportent deux parties identiques. En cas de décès, la plaque est cassée en deux grâce aux encoches centrales. La partie détachée va aux services militaires pour enregistrement, l'autre reste sur le corps. Cette plaque provient de Cherbourg, probablement abandonnée lors de l'embarquement du prisonnier vers l'Angleterre ou les États-Unis.

IDENTIFICATION TAG FROM THE 6th PARATROOPER REGIMENT.
The identification tags are worn around the neck, and are made of two identical parts. In case of death, the tag is broken in half with the central notches. The detached part goes to the military services to be registered, and the other half stays on the body. This tag comes from Cherbourg, probably abandoned when the prisoner boarded towards England or the United States.asperum qui ut volupt.

Les Allemands réagissent

The Germans react

Dès 1h30 du matin, ordre est donné à la 21ème Panzerdivision allemande, stationnée au sud de Caen, donc très proche des zones de largage, d'attaquer. Ce n'est qu'à 6h30 que la division va rencontrer les forces britanniques. Les premiers accrochages auront lieu à la sortie nord de Caen. Les soldats allemands de cette unité portent un équipement plus moderne que les divisions statiques d'occupation, notamment des blouses camouflées et des couvre-casques avec des motifs en lignes brisés qui se montreront extrêmement efficaces dans le bocage normand.
Cet ensemble particulièrement bien conservé a été récupéré il y a quelques années. Le couvre-casque est en toile assez épaisse, et présente un intérieur blanc pouvant servir de camouflage en période neigeuse. Des brides cousues sur son pourtour peuvent servir à fixer des herbes et branchages.

At 1:30 a.m., the 21st Panzerdivision, located south of Caen, and therefore close to the landing zone, is ordered to attack. The division will only meet the British forces at 6:30. The first squirmishes will take place at the northern exit. The German soldiers from this unit wear more advanced equipment than the static occupation divisions, such as the camouflage blouses, and helmet covers with broken lines paintings, which will prove incredibly useful in Normandy's hedgerows. This particularly well preserved set was acquired a few years ago. The helmet cover is made of pretty heavy cloth, and is white on the inside, allowing to serve as camouflage in snowy conditions. The flanges sewn on the edges may be used to attach grass and branches.

L'officier allemand de la Panzer Lehr, au sud de Bayeux, porte un couvre casque identique à celui présenté. (ECPAD)

The German officer from the Panzer Lehr, located south of Bayeux, visible in the center of the photograph, is wearing a helmet cover identical to the one presented. (ECPAD)

Le Major von Luck de la 21ème Panzerdivision étudie la carte d'après les renseignements fournis par le Leutnant Bandomir (bras levé). A droite, le Hauptmann Kurz. (BA 493/3357/8a)

Major von Luck, from the 21st Panzerdivision is studying the map according to the informations given by Lieutenant Bandomir (arm raised). On the right, Hauptmann Kurz. (BA 493/3357/8a)

Un casque bétonné

A concreted helmet

De nombreux chars de l'armée allemande ont reçu une peinture camouflante composée d'un ciment non-magnétique appelé « zimmerit », destiné à éviter que des mines puissent être aimantées sur la caisse du blindé. Les équipages en profitaient souvent pour camoufler également leurs casques. Le casque allemand présenté porte une épaisse peinture de couleur sable probablement épaissie avec du ciment ou de la sciure. Des projections de peinture verte et brune sont venues accentuer l'effet camouflant. Ce casque a été trouvé à Caen, dans une maison de ville tout à côté du canal.

Many tanks in the German army were painted in camouflage patterns, with a paint made of non-magnetic concrete called "zimmerit", so that mines wouldn't be attracted to the tank's exterior. The crew often used this opportunity to paint their helmets. The German helmet presented is showing a thick sand-coloured paint, probably thickened with cement or sawdust. A bit of brown and green paint accentuates the camouflage effect. This helmet was found in Caen, in a house right next to the canal.

Ce canon camouflé de char allemand a été transpercé par un obus. On aperçoit derrière une épave de char Sherman. Photo d'un album personnel

The gun of this German tank was pierced by shells. Photo of a personal album.

La force de la tradition impériale

The might of the Imperial tradition

L'armée allemande de la période nazie a gardé de fortes traditions militaires issues de l'empire. Cette casquette à visière (Schirmmütze) en est un exemple. Les trois liserés roses ornant les pourtours de cette coiffure permettent de l'attribuer aux blindés. Fabriquée comme souvent par un chapelier privé de Stuttgart, cette casquette a été conservée pendant 50 ans par le propriétaire de la maison qu'un équipage de blindés avait occupée en juin 1944. Indifféremment, les attributs des casquettes de ce type pouvaient être brodés ou métalliques. La jugulaire noire identifie un sous-officier.
En juin 1944 ces coiffures étaient encore parfois portées au combat.

The German army of the nazi era kept a lot of military traditions from the Empire. This visor cap (Schirmütze) is an exemple. The three pink edgings bordering this hat allow us to attribute it to an armoured division. Made, as it was often the case, by a private hatter from the Stuttgart region, this cap was kept for 50 years by the owner of a house that was occupied by an armoured crew in June 1944. The attributes of this type of hats could either be metallic or embroidered. The black chinstrap identify a non-commissionned officer. In June 1944, these hats were still sometimes worn in combat.

Le génie ouvre la voie

VESTIGE DE LA 5TH ENGINEER SPECIAL BRIGADE

Ce casque a été ramassé dans un fossé de Saint Honorine des Pertes début juillet 1944 par un habitant alors enfant. Le casque, pieusement conservé dans la cave, a été donné en 1990 à l'auteur. Saint Honorine des Pertes est un village se situant à trois kilomètres de Colleville-sur-Mer, en pleine zone de débarquement de la 1ère DI US (zone FOX).

Il s'agit d'un casque lourd. Il n'a jamais été nettoyé et demeure après 70 ans quasiment dans l'état où il fut trouvé. L'insigne a été peint à la main par un « artiste » de l'unité. Le demi-cercle blanc permettait l'identification rapide des troupes autorisées à rester sur la plage. La barre horizontale blanche à l'arrière du casque indique qu'il s'agissait d'un sous-officier. Le sous-officier des ESB ayant abandonné son casque appartenait donc probablement au 37th Engineer Combat battalion, comprenant 298 hommes détachés du 348th Engineer Combat battalion, une unité de la 5th Engineer Special Brigade. C'est un témoin rare de ces premiers américains débarqués sur « Omaha la sanglante ».

THE ENGINEERS LEAD THE WAY

REMAINS OF THE 5th ENGINEER SPECIAL BRIGADE

This helmet was found in a ditch in Sainte-Honorine-des-Pertes in early July 1944, by an inhabitant, then a child. The helmet, preciously kept in the basement, was given to the author in 1990. Sainte-Honorine-des-Pertes is a village located 3 km of Coleville-sur-Mer, directly in the landing zone of the 1st ID US (FOX zone).

It is a heavy helmet. It was never cleaned, and remained for 70 years almost in the same state it was when found. The insignia was painted by hand by an "artist" of the unit. The white semi-circle allowed for quick identification of the troups permitted to stay on the beach. The white horizontal band on the back of the helmet indicates it belonged to an NCO. The ESB NCO that left his helmet probably belonged to the 37th Engineer Combat battalion, which included 298 men from the 348th Engineer Combat battalion, a unit from the 5th Engineer Special Brigade. It is one of the rare witnesses of these first Americans to arrive in "Omaha the Bloody".

6h30 : Vierville devient Omaha la sanglante

6h30 : Vierville becomes "Omaha the Bloody"

PREMIÈRES VAGUES D'ASSAUT DE LA 1ST ID US

Un détachement d'éclaireurs du 5th ESB débarque sur Omaha et doit vérifier que toutes les informations obtenues par les relevés aériens et les cartes sont conformes à la réalité du terrain et permettent le bon déroulement logistique prévu... Ensuite, les hommes doivent rapidement dégager des voie de passage pour permettre le flux continu des troupes de la 29ème DI et de la 1ère DI, et mettre en place les stocks nécessaires à la logistique des premières heures du débarquement.
La 6th Engineer Special Brigade (ESB) est provisoirement, pour ces premières heures de l'assaut, sous commandement de la 5th ESB. Ces deux brigades réunissent 1 400 hommes sous le commandement du colonel William D. Bridges.
Les deux brigades vont très vite réaliser que les conditions ne permettent pas comme prévu la mise en place des travaux d'aménagement des voies d'accès et des dépôts de matériels. Aussi, ces troupes vont activement participer aux combats avec les unités débarquées et subir de lourdes pertes. Avec les hommes des deux divisions d'infanterie menant l'assaut, les ESB vont réussir à déminer, puis aménager des voies de dégagement et des points de transit pour le matériel.
Le stockage des matériels et des munitions ne commencera véritablement que le 7 juin une fois les zones déminées, cartographiées et les tireurs ennemis isolés neutralisés.

Deux Engineers soutiennent un rescapé... (US Army/Heimdal)

Two engineers carry a survivor. (US Army/Heimdal)

Le colonel Williams D. Bridges de la 5th ESB. La symbolique de l'aigle, du pistolet mitrailleur Thompson, et de l'ancre sur fond bleu rappelle les trois éléments dans lesquels interviennent ces unités : l'air, la terre et la mer. (NARA)

Colonel Williams D. Bridges, 5th ESB. The symbolism of the eagle, the Thompson submachine gun, and the anchor on a blue background recalls the three elements in which these units intervene : air, earth, and water. (NARA)

FIRST ASSAULT WAVES OF THE 1ST ID US.

A scout detachment of the 5th ESB lands on Omaha, to make sure that all the information gathered by the aerial surveys and the maps are consistent with the reality of the field, and to ensure the operations will run smoothly... Then, the men need to quickly clear the passages to allow the steady flux of troops from the 29th ID and 1st ID, as well as set in place the equipment needed for the logistics of the first few hours of the landing.
The 6th Engineer Special Brigade (ESB) is temporarily, for the first few hours of the assault, under the command of the 5th ESB. These two brigades gather 1 400 men under the command of Colonel William D. Bridges.
The two brigades will soon realise that the conditions won't allow for the pathways clearance work, nor for the material deposits. These troops will therefore participate actively in combat with the landed units and will suffer several losses. With the men if two infantry divisions, the ESB will succeed in demining, and in setting pathways and transit points for the material. The material and ammunition storage will only begin on June 7th, once the areas demined, mapped, and once the isolated enemy gunmen neutralised.

Omaha Beach, un homme de la 5th ou 6th « Engineer Special Brigade » (arc blanc sur le casque) inscrit les noms de prisonniers de la Wehrmacht. L'un d'eux, très jeune, est de type asiatique. (US Army/Heimdal)

Omaha Beach. A man of the Engineer Brigade 5th or 6th (white semi-circle on the helmet) registers the names of prisoners of the Wehrmacht. One of them, very young, is of Asian type. (US Army/Heimdal)

Omaha

Le demi-cercle blanc, peint à l'aérographe, permettait l'identification rapide des troupes autorisées à rester sur la plage.
Ce casque appartenait à un officier du 5th ou du 6th ESB ayant débarqué à Omaha le 6 juin. Conservé dans un grenier ou une cave, les parties métalliques sont aujourd'hui très oxydées, peut-être à cause de l'eau salée dans laquelle il baigna...
Ce casque léger (« liner ») a exactement la même histoire le jour J que le casque lourd présenté pages précédentes. Le hasard fait que ces deux pièces très rares ont été découvertes séparément. Rien ne permet de penser qu'elles appartinrent au même soldat, rien ne permet non plus d'imaginer le contraire... Ce casque a été acheté début 2000 à un brocanteur normand.
L'insigne a été peint à la main par un « artiste » de l'unité.

The white semi-circle, air-brushed, allowed for quick identification of the troups permitted to stay on the beach. The vertical white band painted on the back of the helmet indicates the rank of officer. This helmet belonged to an officer of the 5th or 6th ESB that landed on Omaha on June 6. Kept in an attic or a basement, the metallic parts are now oxidised, perhaps because of the dirty water in which it bathed...
This light helmet ("liner") has the exact same story on D-Day than the heavy helmet presented in the previous pages. By a quirk of fate, these two rare pieces were wound separately. Nothing suggests that they belonged to the same soldier, but nothing proves to the contrary either...
This helmet was bought in the early 2000's by a Norman junk dealer. The insignia was hand-painted by an "artist" of the unit.

Saint-Martin-de-Varreville

LA SECONDE VAGUE D'ASSAUT DÉBARQUE SUR UTAH BEACH

Les hommes de la 1st Engineer Special Brigade débarquent avec la seconde vague d'assaut. L'arc de cercle peint sur le devant du casque est un signe distinctif des unités affectées aux plages du Débarquement le 6 juin. Mais l'arc bleu est propre à la 1st Engineer Special Brigade (ESB) qui a débarqué à Utah Beach à l'aube du 6 juin. Les insignes de la 1st ESB (aigle – pistolet mitrailleur – ancre sur fond bleu) débarquée sur Utah Beach ont pour particularité... de ne jamais être peints sur les casques, contrairement aux 5th et 6th ESB (Omaha).

Autre particularité : les deux extrémités de l'arc de cercle bleu d'identification des troupes autorisées à rester sur la plage (« les hautes eaux ») rejoignent la visière du casque.

Cette unité a eu pour mission le déminage et l'ouverture de brèches dans les défenses allemandes. Elle accomplit cette mission essentielle pour la prise de contrôle des zones dunaires au côté des sapeurs de la 4th Infantry Division « Ivy ». Il y eut parmi les rangs de la 1st ESB 21 tués et 96 blessés.

Le 6 juin, la 1st ESB commandée par le général James E. Wharton est répartie en deux « Beach Groups Battalion », un sur « Oncle » l'autre sur « Tare ».

Ce casque léger (liner) récupéré dans la Manche en 2002 porte l'arc de cercle bleu du 1st ESB ; son propriétaire l'a personnalisé de son prénom « BOB » sur le l'arrière et de son nom « JONES » sur le devant. Le travail est artisanal et de nombreuses projections de peinture bleue sont visibles sur la bombe.

THE SECOND ASSAULT WAVE LANDS ON UTAH BEACH

The men of the 1st Engineer Special Brigade land with the second assault wave. The circular arc painted on the front of the helmet is a distinctive sign of the units affected to the Landing on June 6. But the blue arc is unique to the 1st Engineer Special Brigade (ESB), which landed on Utah Beach at dawn on June 6. The insignia of the 1st ESB – eagle, submachine gun, anchor on blue background – that landed on Utah Beach have the particularity of never being painted on the helmets, as opposed to the 5th and 6th ESB (Omaha). Another particularity: the two ends of the circular arc go all the way up to the helmet's visor. This unit had the mission of demining and opening breaches in the Germans' defences. It accomplished this essential mission for the control of the dunes next to the sappers of the "Ivy" 4th Infantry division. Among the ranks of the 1st ESB, 21 were killed, and 96 wounded. On June 6th, the 1st ESB, commanded by General James E. Wharton, is divided in two "Batallion Beach Groups", one on "Oncle", and the other on "Tare".

This light helmet (liner), recovered in the Manche area in 2002, bears the blue circular arc of the 1st ESB: its owner customised it by adding his first name, "Bob", at the back, and his last name, "Jones", on the front. The work is handmade, and we can see many blue paint splashes on the helmet.

La « Big Red One »

Le casque présenté porte sur le devant l'insigne de la 1st Infantry Division : le chiffre 1 en rouge, dans un écu dont seul le bord est tracé. Sur le casque lourd en acier, l'écu est bordé de noir tandis qu'il est bordé de vert sur le casque léger. Bien que ces deux pièces constituent une seule et même coiffure, les marques n'ont pas été peintes de manière identique, ce qui en illustre le côté artisanal et l'absence d'instruction réglementaire.

***Nous** pouvons aujourd'hui nous étonner de la taille et de la couleur vive employée pour le «big red one», le «grand 1 rouge».*

THE "BIG RED ONE".

The helmet presented here bears on the front the insignia of the 1st Infantry Division: the number 1 in red, in a shield of which only the edges are traced. On the heavy helmet, the border of the shield is black, while it is green on the light helmet. Even though these two pieces constitute a single headgear, the marks weren't painted identically, which shows the rustic side and the absence of regulatory instructions.

Today, we can be surprised by the size and the bright colour used for the "big red one".

6h30 : Omaha, première vague d'assaut

6:30, Omaha: First assault wave

Dès le 3 juin, toutes les troupes de la « Force O » qui constituent les éléments d'assaut du 6 juin, sont embarquées sur les navires. Plus de 34 000 hommes et 3 300 véhicules sont ainsi préparés pour le débarquement à Omaha Beach.
Le 5 juin à 4h15, le général Eisenhower fixe le jour J au lendemain. Le 5 juin après-midi la « Force O » quitte l'Angleterre. Aux premières heures du 6 juin, les navires transportant les troupes stationnent à une vingtaine de kilomètres de la côte normande. Les hommes de la 1st Infantry Division (la « Big Red One ») et de la 29th Infantry Division (la « Blue and Grey ») se tiennent prêts. Le général Huebner de la 1st ID commande les deux « regimental combat teams » de la 1st ID et de la 29th ID qui vont débarquer à Omaha Beach avec pour mission d'élargir les têtes de pont vers Isigny à l'ouest et vers Port-en-Bessin à l'est et établir la jonction avec les troupes anglo-canadiennes.
Objectif à J+1 : avoir la maîtrise d'une bande côtière de près de 30 km de long sur 10 km de profondeur.
Les premiers engins amphibies sont mis à l'eau vers 3h du matin à une douzaine de miles de la côte, par une mer difficile, agitée. A 6h30, les 1 450 hommes des 8 compagnies des 116th et 16th régiments sautent des barges.
La marée étant basse à 5h25, la première vague d'assaut arrive à découvert dans un grand désordre en raison de l'état de la mer et de la riposte ennemie qui désorganise le commandement. Seules deux des huit compagnies atteindront leur objectif. Une fois débarqués des péniches, les hommes doivent ensuite parcourir près de 300 m avant d'atteindre la bande de galets, premier et maigre abri contre les tirs nourris des défenses allemandes. Les armes automatiques et les canons des 716e et 342e divisions allemandes déciment les rangs américains.
C'est dans une extrême confusion et au prix de très lourdes pertes que se déroule le débarquement sur Omaha, surnommée très justement « Omaha la sanglante ».

From June 3rd, all the troops forming the "Force O", which constitute the assault elements of June 6, are embarked on ships. More than 34 000 men and 3 300 vehicles are prepared this way for the landing at Omaha Beach. The 5th June at 4:15, General Eisenhower sets D-Day for the next day. In the afternoon of the 5th June, the "Force O" leaves England. In the first hours of June 6, the ships carrying the troops are stationed about 20 kilometres from the Norman shore. The men of the 1st Infantry Division (the "Big Red One") and of the 29th Infantry Division (the "Blue and Grey") are ready. General Huebner of the 1st ID commands the two "regimental combat teams" of the 1st ID and the 29th ID, who will land on Omaha with the mission of widening the bridgeheads towards Isigny westwards, and towards Port-en-Bessin eastwards, and to establish the junction with the Anglo-Canadian troops.
Objective on D+1: Master a coastal strip of nearly 30 km long and 10 km deep.
The first amphibious crafts are launched at 3:00 a.m., about twelve miles from the shore, in a rough, agitated sea. At 6:30, the 1450 men from the 8 companies of the 116th and 16th regiments jump from the barges. The low tide being at 5:25, the first assault wave arrives completely in the open and in great confusion because of the state of the sea, and because of the enemy counter-attack which disorganises the leadership. Only two of the eight companies will reach their objective. Once off the barges, the men must run through almost 300 metres before reaching the shingle strip, the first and thin defence against the Germans' continuous fire. The automatic weapons and cannons of the 716th and 342th German divisions decimate the American ranks. It's in a state of extreme confusion, and at the price of very heavy losses that takes place the landing on Omaha, appropriately nicknamed "Omaha the Bloody".

La photographie de guerre

2

War photography

Durant la 2ème guerre mondiale, la photographie va être utilisée par les belligérants à des fins diverses, notamment à titre de propagande (politique ou militaire, parfois en maquillant ou détournant les clichés), à titre de preuves (avancées des troupes, atrocités commises, victoires remportées, ...), mais des milliers de photos seront aussi prises par de simples soldats qui vont illustrer leur vie quotidienne et les envoyer à leurs familles. Les photos de cet ouvrage sont souvent le fait de reporters de guerre, alliés ou allemands.

Modèle d'appareil photo CONTAX II 24x36 utilisé par R. CAPA le 6 juin 1944. L'optique est fabriquée par l'usine allemande Carl Zeiss, située à IENA.

CONTAX II 26X36 camera, used by R. CAPA on June 6, 1944. The optic is manufactured by the German factory Carl Zeiss, located in IENA.

Un photographe le 6 juin à Omaha Beach : Robert CAPA

Les quelques photos de la première phase du débarquement sont réalisées par Robert CAPA (voir ci-dessus). Elles sont entrées dans la légende, propulsant ce photographe de guerre, déjà connu pour ses reportages sur le guerre d'Espagne, au rang de mythe.

Travaillant pour le magazine LIFE, il embarque dans une péniche et débarque sur le secteur «Easy Red» d'OMAHA.

Selon la version officielle*, il prend 119 photos grâce à ses deux appareils photo (un CONTAX et un ROLLEIFLEX). Un employé du laboratoire chargé du développement, pressé par les délais de bouclage, abîme irrémédiablement la grande majorité des négatifs. Seules 11 photos restent exploitables. Leur flou ne les dessert pas, il renforce leur force et leur symbolisme. Elles prennent le nom de « Magnificent Eleven », les 11 magnifiques.

* Une polémique récente est née sur ces faits, jusqu'à présent considérés comme authentiques. L'auteur invite le lecteur à se reporter à l'enquête de deux auteurs américains, mettant en avant quelques incohérences.

During World War II, photography will be used by the warring parties for various ends, especially for propaganda (political or military, sometimes by retouching or diverting the photographs), as a mean of gathering proof (advancing troops, atrocities committed, victories won...), but thousands of photographs will also be taken by simple soldiers who will illustrate their daily life and send them to their families. The pictures in this book are often the product of war reporters, Allied or German.

A PHOTOGRAPHER AT OMAHA ON JUNE 6: ROBERT CAPA

The few photos of the first phase of the landing are taken by Robert CAPA (see above). They became legend, elevating this war photographer, already famous because of his coverage of the Spanish Civil War, to the rank of myth.

Working for LIFE magazine, he embarks on a barge and lands in the "Easy Red" sector of Omaha.

According to the official version, he takes 119 photos with his two cameras (a CONTAX and a ROLLEIFLEX). An employee at the laboratory in charge of the development, pressed by the deadline, damages irredeemably the great majority of the negatives. Only eleven photos remain exploitable. Their blurriness don't hinder them. They become the "Magnificent Eleven".*

La photographie au service de la propagande allemande

War photography at the service of German propaganda

Cet appareil de marque « ROBOT » de la Luftwaffe était utilisé par les pilotes d'avions allemands. Doté d'une motorisation, il permettait au pilote de prendre des photos d'une main pour justifier ses victoires aériennes, mais aussi des clichés destinés à étudier le terrain et les positions ennemies. Sur le corps de l'appareil ainsi que l'objectif, des mentions militaires sont portées : « Luftwaffen Eigentum » (propriété de l'armée de l'air).

This camera of the "ROBOT" brand was used by the Luftwaffe pilots. It was motorised, and allowed the pilot to take pictures with one hand, to justify his aerial victories, but also to take pictures destined to study the land and the enemy positions. On the body of the camera, as well as on the lens, we can see a military inscription: "Luftwaffen Eigentum" (property of the air force).

Grenadiers de la 12.SS-Panzerdivision « Hitlerjugend » dans les ruelles de le Rots à 14H30 le 7 juin (Coll. G.B.)

Grenadiers of the 12.SS-Panzerdivision "Hitlerjugend" in the alleyways of Rots at 2:30 p.m. on June 7th. (Coll. G.B.)

Le meilleur appareil photo de la 2ème guerre mondiale est sans contestation le fameux LEICA allemand. Fiable et performant, il a été utilisé par les reporters de toutes les armées.

The best camera of World War II is without a doubt the famous German LEICA. Reliable and efficient, it was used by reporters from every army.

Ce LEICA modèle III C « wartime » a été fabriqué en 1940. Particularité : Le tissu habituellement noir étant difficile à trouver en ce début de guerre, le rideau d'obturation est rouge. Peu sont restés dans cet état d'origine.

This LEICA camera model III C "wartime" was built in 1940. Particularity: The usually black cloth being hard to find in the beginning of the war, the shutter curtain is red. Few remained in this original state.

Un LEICA du modèle III fabriqué en 1935. Il est équipé d'un rare moteur de déclenchement en rafale.

A LEICA model III built in 1935. It is built with a rare motor for burst mode.

Tous les appareils photo : collection privée (CM)
All cameras : private collection (CM)

La « Blue and Grey »

Ce casque a été retrouvé sur les lieux mêmes des combats dans les années 70. Il est orné à l'arrière d'une barre horizontale blanche indiquant qu'il s'agit d'un sous-officier.

Comme souvent rencontré sur les coiffures de la 29th, le « gris » réglementaire est en fait du blanc. L'insigne est peint avec un grand soin et il étonne par sa visibilité... qui représentera ensuite lors des combats du bocage un vrai danger en en faisant une cible idéale pour les snipers allemands. Aussi, les casques d'acier qui ont conservé un tel insigne demeurent très rares.

THE "BLUE AND GREY"

This helmet was found on the battlefield in the 70's. The horizontal white stripe on the back indicates the rank of NCO.

As is often the case with the headgears of the 29th, the regulatory "grey" is, in fact, white. The insignia is painted with great care, and it surprises us with its visibility... which will prove dangerous during the fights in the Norman hedgerows, making it an ideal target for the German snipers. Therefore, the steel helmets that kept such an insignia are very rare.

7h00 : Omaha Beach, la seconde vague d'assaut US s'élance

7:00, Omaha Beach: The second US assault wave starts

Les hommes des deux « regimental combat teams » de la 1st Infantry Division et de la 29th Infantry Division qui composent la force d'assaut se tiennent prêts pour les deux vagues successives qui vont déferler sur Omaha Beach.

Le mauvais temps, la confusion et la résistance ennemie ont durement éprouvé les hommes de la première vague débarqués à 6h30.

C'est dans un véritable enfer, au milieu des blessés et des morts que la seconde vague d'assaut s'élance sur la plage à 7h00 comme prévu. A nouveau, les pertes vont être très lourdes.

Les vagues se succèdent toute les 10 mn, et vers 7h30, les hommes tentent de trouver refuge au pied du mur de galets, à quelques mètres de la mer.

A 8h aucun véhicule ni aucun homme n'a réussi à quitter la plage. La situation devient très tendue, l'état-major de Bradley qui observe la situation depuis le large est inquiet. Il est même envisagé de reporter les troupes vers Utah.

La marée montante ne laisse plus qu'une bande de plage étroite où s'entassent hommes et matériels.

Midi approche et la mer se met à nouveau à baisser, faisant émerger les obstacles en acier et en béton qui parsèment la plage. Bientôt les barges ne pourront plus accoster ou bien s'échoueront en faisant des cibles faciles pour la défense allemande.

En fin de matinée enfin l'état-major est informé que des soldats allemands se sont rendus !

Peu avant midi, Vierville vient d'être conquise et libérée ! Au même moment, le village de Saint-Laurent est atteint. Les Allemands sont débordés et commencent à lâcher prise.

La confusion règne durant toute l'après-midi à Colleville, à Saint-Laurent, à Vierville.... Si la résistance des troupes allemandes ne faillit pas, les combats se portent désormais sur les dunes et directement sur les défenses allemandes. Malgré les contre-attaques des grenadiers de la Wehrmacht, les Américains progressent et peuvent enfin débarquer véhicules et logistique.

16h30 : tous les accès est de la plage sont tenus par les Américains.

17h05 : le général Gerhardt commandant de la 29th division installe son poste de commandement sur Omaha.

The men of both "regimental combat teams" from the 1st Infantry Division and the 29th Infantry Division, which comprise the assault force, are ready for the two successive assault waves that will arrive on Omaha Beach. The bad conditions, confusion, and enemy resistance have severely hit the men of the first wave, that landed at 6:30 a.m. It's in the middle of Hell, amidst the dead and wounded, that the second assault wave arrives, according to plan, at 7:00 a.m. Once again, there will be heavy casualties. There are waves after waves every 10 minutes, and, around 7:30, the men try to find shelter at the foot of a pebble wall, a few metres from the sea. At 8:00, no vehicle and no man managed to leave the beach. The situation becomes very tense, and Bradley's General-Staff, who watch from offshore, are worried. They even consider to move the troops towards Utah. The rising tide leaves only a thin stripe of land, on which men and equipment pile up. Noon is approaching and the sea starts to go down once again, leading to the emergence of the steel and concrete obstacles that litter the beach. Soon, the barges won't be able to dock, or they'll wreck and make an easy target for the German defence. In the late morning the General-Staff is finally informed that some German soldiers have surrendered!

A bit before noon, Vierville has been conquered and liberated! At the same time, the village of Saint-Laurent was reached. The Germans are overwhelmed, and start to let go.

There is confusion everywhere all afternoon, at Coleville, at Saint-Laurent, at Vierville... If the resistance from the German troops doesn't falter, the fights now take place on the dunes, and directly on the German defences. Despite the counter-attacks of the grenadiers from the Wehrmacht, the Americans move forward and can finally unload their vehicles and logistics.

4:30 p.m.: all the access points from the beach are controlled by the Americans.

5:05 p.m.: General Gerhardt, commander of the 29th division, installs his command post on Omaha.

La « Ivy »

Peint à main levée et de façon plutôt discrète sur ce casque lourd, l'insigne de la 4th ID est à peine visible. Ce qui est « bien vu » pour échapper aux snipers allemands.

Ce casque a conservé toute sa peinture d'origine, à l'exception de la peinture qui recouvrait le jonc anti magnétique en inox. Aucune peinture ne tenant sur ce métal, l'inox brillant apparaît rapidement. L'inox sera remplacé par l'acier fin 1944... bien après la bataille de Normandie.

THE "IVY"

Hand-painted rather discreetly on this heavy helmet, the insignia of the 4th ID is barely visible. Which is good to avoid detection by the German snipers. This helmet kept its original paint, except for the paint that covered the stainless steel anti-magnetic

Since no paint can stay on this metal, shiny stainless steel appears quickly. The stainless steel will be replaced by steel near the end of 1944, long after the battle of Normandy...

10h00 : Utah Beach, jonction avec les paras

10:00 a.m.: Utah beach, junction with the paratroopers

La 4th Division d'Infantry US (4th ID) est la première division américaine à fouler le sable d'Utah Beach le 6 juin sur la zone Uncle Red, puis quelques minutes plus tard sur Tare Green au nord. Une erreur providentielle de positionnement amènera les fantassins à débarquer au sud des zones prévues... là où les défenses allemandes sont les plus faibles !
La première vague d'assaut foulera le sable normand entre 6h40 et 6h50. S'apercevant du positionnement 2km au sud de la zone prévue, le général Théodore Roosevelt, seul général à débarquer avec la première vague, prendra la décision de diriger les vagues d'assaut suivantes sur la même plage.
A 10h00, la seconde vague d'assaut aborde la plage et poursuit ensuite sa progression vers le nord à travers les marais, faisant la jonction avec les parachutistes de la 101st Airborne Division.
Le 6 juin au soir environ 23 000 hommes et 1 700 véhicules sont arrivés sur la plage.
Les pertes sont faibles, elles s'élèvent à 200 hommes dont 60 en mer. L'opération est un succès.

En chiffre romain IVth division, phonétique « ivy » : le lierre en américain.

Le symbole de la 4th ID a été choisi à la fin de la première guerre mondiale : phonétiquement le chiffre romain IV désignant la division se lit « ivy », le « lierre ».
Ce sont donc quatre feuilles de lierre, plante symbole de la ténacité et de la fidélité, qui deviennent l'emblème de la 4th. Ce symbole est de couleur verte. Les quatre feuilles de lierre figurent également sur le badge en tissu. Cette marque sera reproduite assez souvent, mais pas systématiquement, sur le casque. La dimension réduite et la couleur verte de cet insigne le font extrêmement discret... quasi invisible à quelques mètres. C'est plutôt un atout dans la bataille du bocage où les snipers ennemis sont redoutables.

Des infirmiers d'une compagnie médicale de la 4th Division débarquent. (DAVA/Heimdal.)

Male nurses from a medical company of the 4th Division arrive [DAVA/Heimdal]

The 4th Infantry Division (4th ID) is the first American division to reach the sands of Utah Beach on June 6, in the Uncle Red zone, and, a few minutes later, in Tare Green, to the north. A providential positioning error will bring the infantry to land more to the south than the designated areas... where the German defences are the weakest!
The first assault wave will arrive on Norman soil between 6:40 and 6:50. Noticing the positioning 2 km more to the south than planned, General Theodore Roosevelt, only General to land with the first wave, will decide to redirect the following waves to the same beach.
At 10:00, the second assault wave takes on the full beach and progresses north towards the marshland, forming the junction with the paratroopers from the 101st Airborne Division. In the evening, about 23 000 men and 1 700 vehicles have arrived on the beach.
The losses aren't too heavy, totalling 200 men, including 60 at sea. The operation is a success. In Roman numerals, the 4th Division becomes the IVth Division, and therefore "Ivy". The symbol of the 4th Division was chosen at the end of the First World War: four green ivy leaves, symbol of tenacity and fidelity. The four leaves are also depicted on the cloth badges. This mark will often, but not always, also be depicted on the helmets. The reduced size and green colour of this insignia makes it extremely discreet, almost invisible from a few metres. This is obviously an asset in the hedgerows, where the enemy snipers are a formidable threat...

L'artillerie parachutée appuie les premiers combats au sol

The parachute artillery supports the ground combat

Ce sous-casque américain (Liner) fut retrouvé près de Carentan début 2000. Il s'agit d'un modèle « classique » et non d'un modèle spécifique pour les parachutistes. Nous pouvons donc supposer que le propriétaire arriva à bord d'un planeur Wako ou par navire sur Utah Beach. Ce liner porte sur chaque côté un rond blanc, et sur l'arrière une double barre blanche identifiant le grade de capitaine.
Curieusement, il n'y a aucun trait ou aucun point peint autour de cet insigne, ce qui aurait permis d'en déterminer le « battalion » ou la « company ». Les documents d'époque montrent des pratiques très personnelles

This American liner was found near Carentan in the early 2000's. This is a "classic" model, and not a specific model for the paratroopers. We can therefore imagine that the owner arrived on a Wako glider, or by ship on Utah Beach. This liner has a white circle on each side, and a double white stripe on the back, identifying the rank of Captain. Strangely, there are no stripe or dot painted around this insignia, which would have allowed us to identify the battalion or company. The documents of this era shows really personal practices in applying the markings, some soldiers

Artilleurs américains pilonnant les troupes allemandes en retraite, Carentan, 11 juillet 1944 (NARA)

American howitzers shell German forces retreating near Carentan, France.» Franklin, July 11, 1944. (NARA)

dans l'application des marques, certains combattants n'affichant aucun marquage. Cette absence peut aussi s'expliquer par une affectation tardive, ou le fait qu'il s'agisse d'un combattant affecté à plusieurs unités d'artillerie.

Un point aurait permis d'identifier :

- A 3 heures : 321st Glider Field Artillery Battalion
- A 9 heures : 907th Glider Field Artillery Battalion

Le 6 juin, les hommes du 321st Glider Field Artillery Battalion sont débarqués à Utah Beach par le navire Liberty John S Mosby. Du 6 au 9 juin, ce « battalion » sert auprès du 506th PIR (101st AB).

displaying no markings at all. This absence may be explained by a late affectation, or by the fact that a soldier belonged to many artillery units.
A dot would have allowed us to identify:
At 3 o'clock: 321st Glider Field Artillery Battalion
At 9 o'clock: 907th Glider Field Artillery Battalion
On June 6, the men of the 321st Glider Field Artillery Battalion landed on Utah beach from the ship Liberty John S Mosby. From June 6 to 9, this "battalion" serves next to the 506th PIR (101st AB).

Premiers soins sur la plage d'Omaha (Heimdal Coll.)

First aid on Omaha Beach (Heimdal Coll.)

La « BIG RED ONE » détruit les derniers points de résistance

The "Big Red One" destroys the last resistance points

Ce casque provient d'une ferme située à proximité d'OMAHA BEACH. Dans cette ferme, des soldats américains fatigués ou mêmes blessés sont venus s'abriter l'après midi du 6 juin. Ce casque, oublié lors de ces moments de repos, a été conservé jusque dans les années 90 par la propriétaire. La coiffure porte fièrement le fameux « 1 » rouge dans un écu bordé de noir. Le casque est resté intact depuis son abandon. Il porte encore sa peinture verte appliquée au pinceau en guise de camouflage. Les jugulaires en toile sont restées fixées et les parties métalliques se sont oxydées sous l'effet de l'eau salée.

This helmet comes from a farm near Omaha Beach. In this farm, tired or even wounded American soldiers came to rest, in the afternoon of June 6. This helmet, forgotten during one of those resting moments, was kept by the farm owner until the 90's. The red "1" in a black-bordered shield stands proudly on the headgear. It stayed intact since it was left behind. It still has the green paint applied with a paintbrush as camouflage. The cloth chinstraps are still attached, and the metallic parts are rusty because of the salt water.

Un second lieutenant fier de son grade !

A second lieutenant proud of his rank!

Sur ce casque de type M1, l'insigne métallique destiné aux pattes d'épaule de veste a été soudé à l'avant du casque. Bien visible, la marque de grade de 2nd lieutenant en laiton risque pourtant d'en faire une cible de choix pour les snipers allemands... Cette coiffure est un exemple des initiatives personnelles qu'aucun règlement ne saurait recommander !

M1 Helmet: the metallic insignia destined to the shoulder straps was welded on front of the helmet. Clearly visible, the brass mark indicating the rank of second lieutenant risks to create an ideal target for the German snipers. This headgear is a good example of personal initiative that official regulations would not recommend!

Le régiment du Roi

Le soldat anglais qui portait ce casque Mark II appartenait au Beach Group du « 5th battalion The King Regiment » débarqué à Sword Beach, Queen sector. La bande blanche peinte à main levée sur la circonférence de la coque visait à identifier clairement les soldats de l'unité. Recouvert d'une peinture mate granitée, son aspect montre à quel niveau se plaçait une des difficultés de l'opération Overlord : Assurer une identification immédiate des différentes troupes, et donc connaître leur rôle respectif. Ce rôle était extrêmement important en ce qui concerne l'organisation logistique des plages, encombrées d'hommes et de matériel. Mais il convenait aussi d'assurer une sécurité minimum du soldat et le protéger des tirs ennemis. Rapidement identifiés, les Beach Groups ont constitué des cibles privilégiées pour les snipers. C'est ainsi que le lieutenant-colonel DHV BOARD, commandant les Beach Groups fut tué dès son débarquement sur Sword Beach par un tireur allemand. Ce casque a été trouvé il y a quelques années près de Douvres-la-Délivrande.

THE KING REGIMENT

The English soldier who wore this Mark II helmet belonged to the Beach Group of the "5th battalion The King Regiment", which landed on Sword Beach, in the Queen sector. The hand-painted white band around the shell was there to clearly identify the soldiers of this unit. Covered with a matte textured paint, its look shows where was one of the Overlord Operation difficulties: To assure an immediate identification of the various troops, and to know their respective roles. This role was extremely important regarding the logistic organisation of the beaches, crowded with men and equipment. But it was also necessary to guarantee a minimum of security for the soldiers, and protect them from enemy bullets. Quickly identified, the Beach Groups became privileged targets for the snipers. That's how Lieutenant Colonel DHV-BOARD, leading the Beach Groups, was killed as soon as he landed on Sword Beach by a German shooter. This helmet was found a few years ago near Douvres-la-Délivrande.

7h30 : Sword et Juno beaches, la 2nde armée britannique débarque

7:30 a.m.: Sword and Juno beaches, the 2nd British Army lands

OBJECTIF : S'EMPARER DE CAEN ET DE BAYEUX DANS LA JOURNÉE !

A 7H30, l'assaut est lancé sur les plages dédiées aux Britanniques. Rencontrant une résistance parfois violente d'éléments allemands retranchés dans les bunkers épargnés par les bombardements, les troupes anglaises assurent rapidement leur maîtrise des zones côtières. Les Beach Groups sont parmi les premières unités débarquées. Leur mission : Organiser la logistique du débarquement, orienter les troupes et les véhicules vers les sorties de la plage, positionner les matériels, préparer les évacuations des blessés. Les soldats du 5th battalion The King Regiment vont intervenir dès les premières heures sous le feu ennemi. Participant également à l'identification des champs de mine, ils seront une des clés de la réussite de l'opération.
Ensuite, les Beach Groups ont été rejoints par des « dispatch riders » de la military police de la 241st Provost company. Ceux-ci étaient chargés de contrôler le trafic et de collecter les informations détenues par les prisonniers.

Des radios du N°5 Beach Group creusent un emplacement au pied d'une haie pour un poste radio avancé. (IWM)

N° 5 Beach Group wireless operators dig an emplacement for an advanced radio post at the foot of a hedge. (IWM)

Sur la plage, des hommes portant sur l'épaule l'insigne des Beach Groups avec l'ancre de marine (IWM)

On the beach, men wearing on the shoulder the insignia of the Beach Groups, with the anchor. (IWM)

OBJECTIVE: TAKE CAEN AND BAYEUX DURING THE DAY!

At 7:30, the assault is launched on the beaches reserved to the British. Meeting a sometimes violent resistance from German elements regrouped in bunkers spared by the bombings, the English troops will quickly establish their mastery of the coastal areas. The Beach Groups are among the first disembarked units. Their mission: Organise the logistics of the landing, direct the troops and the vehicles towards the beach exits, place the material, prepare the wounded evacuations. The soldiers of the 5th battalion The King Regiment will intervene in the early hours under enemy fire. Also participating in the identification of mine fields, they will be a key to the success of the operation.
Then, the Beach Groups were joined by "dispatch riders" from the military police of the 241st Provost Company. Charged with traffic control, as well as gathering information held by the prisoners, their specific helmets, with a round cap and leather flaps, also have a white band on the periphery.

La « TT » doit prendre Bayeux

Ce casque trouvé près du lieu-dit Le Hamel (près d'Asnelles) appartenait à un soldat de la 50th Northumbrian Infantry Division. Ce casque a conservé une couche de peinture granitée remarquable, ainsi que l'insigne de la division, un rectangle noir avec 2 « T » rouge, symboles des deux rivières qui traversent le comté anglais dont ses soldats sont originaires (voir chapitre sur la symbolique).

THE "TT" MUST TAKE BAYEUX

This helmet found in a place called Le Hamel (near Asnelles) belonged to a soldier from the 50th Northumbrian Infantry Division. This helmet kept a remarkable coat of textured paint, as well as the division's insignia, a black rectangle with two red "T"s, symbol of the two rivers traversing the English county where its soldiers come from (see the chapter on symbolic).

7h30 : Asnelles, débarquement de la 50th Northumbrian

7:30 Asnelles: landing of the 50th Northumbrian

Entre Arromanches et Ver-sur-Mer, cette division doit prendre le contrôle de la route nationale 13, qui encore aujourd'hui traverse le Calvados à une dizaine de kilomètres des plages. Mission principale : Prendre Bayeux, nœud routier stratégique et lien indispensable avec les troupes américaines débarquées dans le Bessin. Afin de garantir le succès de l'opération, les alliés ont prévu de bombarder la ville le 7 juin. Par chance, les « tommies » (surnom familier du soldat anglais) vont rapidement libérer Bayeux. Cette dernière possède de petites rues, souvent étroites, et la circulation des milliers de chars et véhicules sensés arriver des ports pour alimenter la bataille sera problématique. Le génie militaire va rapidement dépêcher des bulldozers et tracer une route circulaire autour de la ville. Anecdote qui montre s'il en est besoin l'impact que la bataille a eue sur la Normandie : Cette route existe toujours et est appelée communément le « By-Pass ».

William Moyle de Liskeard, du DLI de la 50th ID montre au soldat Bert Priest l'impact qui a failli lui coûter la vie. (IWM)

William Moyle of Liskeard, of the 50th Northumbrian Division, shows to the soldier Bert Priest the impact that almost took his life. (IWM)

Le soldat Weathley, de la compagnie 'A' du 6 DLI, est photographié ici le 11 juin 1944, derrière son fusil-mitrailleur Bren au Douet près de Bayeux. (IWM)

Private William Weatkley of A Compagny of the 6th Battalion Durham Light infantry has taken up position with his Bren gun in Drouet, near Bayeux. 14 june. (IWM)

Between Arromanches and Ver-sur-Mer, this division must take control of the national road 13, which still crosses the Calvados today, about ten kilometres from the beaches. Primary objective: To take Bayeux, strategic crossroad and essential link with the American troops that landed in Bessin. To guarantee the success of this operation, the Allied forces planned to bomb the city on June 7. Luckily, the "tommies" will quickly liberate Bayeux. This city has many small and narrow streets, and the circulation of thousands of vehicles and tanks supposed to come from the ports to fuel the battle will be problematic. The military engineers will quickly send bulldozers and trace a circular route around the city. An anecdote that shows the impact the battle had on Normandy: this road still exists and is commonly called the "By-pass".

Des commandos en train d'embarquer à bord de LCIS dans le port de Warsach, le 5 juin 1944. (Musée N°4 Commando, Ouistreham.)

Commando embarking aboard LCIS on the port of Warsach, on June 5, 1944. (Musée N°4 Commando, Ouistreham.)

Les commandos de marine appuient l'infanterie

The marine commandos support the infantry

Le « 4th commando brigade » a été créé à partir des unités des Royal Marines. Ces célèbres commandos ont débarqué sur les plages (le 41st commando sur SWORD, les 46th et 48th sur JUNO, le 47th sur GOLD).
Ce casque porte un insigne du Royal Artillery et une ancre. Le soldat, dont les initiales « TP » sont inscrites sur le rebord intérieur de la coiffure, a conservé l'insigne de son corps d'origine lorsqu'il a été rattaché à l'unité commando.

The 4th "commando brigade" was created from units of the Royal Marines. These famous commandos landed on the beaches (the 41st commando on SWORD, the 46th and 48th on JUNO, and the 47th on GOLD). This helmet shows an insignia from the Royal Artillery and an anchor. The soldier, whose initials are "TP", kept the insignia from his original corps when he was attached to the commando unit.

Les Commandos avancent sur Ouistreham. (IWM)

The Commandos advance on Ouistreham. (IWM)

Les commandos de la 1st Special Service brigade britannique progressent dans Ouistreham. (IWM)

The commandos from the 1st Special Service British brigade advance in Ouistreham. (IWM)

Les commandos traversent maintenant Colleville. (IWM).

The commandos are now passing through Colleville. (IWM)

Les chars arrivent !

Ce casque du modèle Mark II appartenait à un soldat du 5th Assault Regiment des Royal Engineers de la 79th division blindée. Camouflé par un filet, très largement employé par l'ensemble des forces britanniques en Normandie, il arbore les attributs de ce régiment d'assaut et les couleurs du corps des Royal Engineers. Ce survivant des combats du 6 juin est peut-être une pièce unique, miraculeusement parvenue intacte jusqu'à nous.

THE TANKS ARRIVE !

This Mark II helmet belonged to a soldier from the 5th Assault Regiment of the Royal Engineers of the 79th armoured division. Camouflaged by a net often used by the British forces in Normandy, it bears the attributes of this assault regiment and the colours of the Royal Engineers corps. This survivor of the battle of Normandy might be a unique piece, that miraculously came to us intact.

8h30 : Sword Beach, les chars Avre enfoncent les défenses allemandes

8:30 a.m.: Sword Beach, the Avre tanks break the German defences

Les reconnaissances discrètement opérées depuis des mois par la résistance, les sous-marins ou des avions d'observation ont montré que les digues et constructions allemandes constituent des obstacles majeurs pour les forces de débarquement.
Un objectif : Sortir rapidement de la plage de Lion-sur-Mer une fois les troupes à terre.
Pour cela, les Anglais vont développer des véhicules blindés spéciaux, surnommés « Funnies». Ils vont notamment équiper leur char lourd « Churchill » d'un mortier à la place du canon. Ce mortier lance une charge de destruction jusqu'à 90 mètres. Appelés « Armored Vehicle Royal Engineers » (contracté en « AVRE ») ces chars vont ouvrir les brèches permettant aux soldats d'élargir leur tête de pont.

Des soldats anglais posent pour une photographie avec une française, La Brèche d'Hermanville, 6 juin 1944. (IWM/Heimdal)

British troops pose for a photograph with a French woman in La Brèche d'Hermanville, 6 June 1944. (IWM/Heimdal)

The reconnaissance missions have been discreetly operated for months by the resistance, and the submarines and observation planes have shown that the German dams and constructions are major obstacles to the landing forces.
One objective: Quickly get out of the Lion-sur-Mer beach once the troops are on the ground.
To achieve this, the English will develop special armoured vehicles, nicknamed "Funnies". They will, for instance, replace the cannon of their heavy tank "Churchill" with a mortar. This mortar launches a destructive force up to 90 meters. Called Armoured Vehicle Royal Engineers (or "AVRE", for short), these tanks will open breaches to allow the soldiers to widen their bridgehead.

La « division de fer »

Ce casque appartenant à un soldat anglais de la 3ème division d'infanterie, surnommée « the Iron Division » (la division de fer) porte sur son côté gauche un insigne composé de 2 triangles inversés, noir et rouge. La symbolique britannique, souvent complexe, a simplement retenu les trois angles du triangle noir pour la 3ème division, et les trois angles du triangle rouge pour les trois régiments le composant.

L'auteur a eu la chance de découvrir plusieurs de ces casques lors de ses recherches dans les années 80 et 90, au cœur des zones d'affrontement, là où la division a subi des pertes importantes.

THE "IRON DIVISION"

This helmet, belonging to a soldier from the 3rd Infantry Division, also called the "Iron Division", shows on its left side an insignia made of two black and red upside-down triangles. The British symbolic, often complicated, simply retained the three angles from the black triangle of the 3rd division, and the three angles of the red triangle for the three regiments composing it.

The author was lucky to find many of these helmets during his research in the 80's and 90's, in the middle of the battleground, where the division suffered many losses.

9h30 : Sword Beach, la 3rd DI doit libérer Caen avant le soir

9:30 a.m., Sword Beach: The 3rd ID must liberate Caen before sunset

La 3ème division d'infanterie anglaise débarque la première sur Sword Beach. Sa mission : Libérer Caen avant le soir du 6 juin... Mais l'éparpillement des unités dans la journée, afin de réduire les poches de résistance, va amener le commandement à ajourner la prise de la ville. Des sections avaient pourtant débarqué avec de lourds vélos réglementaires, sensés permettre de couvrir les 10 kilomètres jusqu'à Caen. Le 7 juin, l'opération PERCH démarre. Face à eux, les « Tommies » affrontent deux unités redoutables : la 21ème panzer division et la 12ème SS-Panzerdivision « Hitlerjugend ».

Pour conquérir Caen, il faudra en fait combattre jusqu'au 20 juillet et lancer 4 offensives pour obtenir cette victoire. Les bombardements, notamment celui du 7 juillet, feront 3000 victimes parmi les civils. Les 600 000 obus tirés auront alors quasiment détruit la cité de Guillaume le Conquérant.

La tension se lit sur le visage de ces fantassins anglais, dans une rue de Saint-Manvieu. (IWM)

We can see the tension in the faces of these English footsoldiers, in a street of Saint-Manvieu. (IWM)

Sword beach 3rd Infantry Division
La Brèche d'Hermanville, 6 juin 1944 (IWM/Heimdal)

Sword beach 3rd Infantry Division
La Brèche d'Hermanville, 6 June 1944 (IWM/Heimdal)

The 3rd British Infantry Division arrives first on Sword Beach. Its goal: Liberate Caen before the evening of June 6. But the scattering of units, to reduce the resistance points, will cause the command to adjourn the taking of the city. Some sections however landed with heavy bikes, supposed to make the 10 kilometres to reach Caen. On June 7, operation PERCH begins. The "Tommies" face two formidable units: the 21st Panzer division and the 12th SS-Panzerdivision "Hitlerjugend".

To conquer Caen, they'll need to fight until the 20th of July, and launch four offensives to obtain this victory. The bombings, especially the ones of July 7, will bring around 3000 casualties among the civilians. The 600 000 shells will then have almost completely destroyed the city of William the Conqueror.

Le Staffordshire Regiment soutient l'infanterie

The Staffordshire Regiment supports the infantry

Des brigades indépendantes viennent compléter le dispositif des divisions d'infanterie britanniques. Le propriétaire de ce casque du Staffordshire Régiment appartenait à l'une d'elles, débarquée le 6 juin. Les principes de camouflage de base ont été respectés : Le casque porte à la fois une peinture mate recouvrant la peinture plutôt brillante d'usine, des morceaux de toile collés sur la bombe de la coiffure, et le discret insigne rouge de ce régiment. Le nom du soldat a été inscrit sur le pourtour intérieur. Ce casque très typique des unités de première ligne est un émouvant souvenir des combats qui se sont déroulés au nord de Caen.

Les casques alliés restés sur les lieux de combats jusqu'à leur découverte par les passionnés de la bataille de Normandie ont souvent été retrouvés par les habitants et conservés comme souvenir mais aussi en mémoire des souffrances endurées par leurs libérateurs. Dans les années 80, la récupération de telles pièces pouvaient se faire chez les témoins directs des combats. Quelles étaient les circonstances précises de leur découverte ? Voire de l'histoire que ce témoin pouvait avoir vécue ? Il faut reconnaître que les mémoires défaillantes, parfois influencées par des films, rendaient déjà certains témoignages douteux. Le film « Le Jour Le Plus Long » est sorti en 1962, avec un énorme succès dans les salles normandes. Il fut ensuite projeté régulièrement dans les salles régionales, sans que l'engouement retombe. Des générations se sont donc appropriées les scènes et les évocations de ce grand film, les intégrant peu à peu dans la mémoire populaire locale.

Independent brigades come in to complete the British infantry divisions. The owner of this helmet of the Staffordshire Regiment belonged to one of those, which landed on June 6. The basic principles of camouflage have been respected: the helmet has a coat of matte paint to recover the shiny paint of the factory, there are pieces of cloth glued onto the shell, and we can see the discreet red insignia of the regiment. The soldier's name has been written in the inside. This typical helmet of the first line units is a moving testimony of the fights that took place north of Caen.

The allied helmets that stayed on the battleground until their discovery by the battle of Normandy's enthusiasts were often found by the locals and kept as souvenirs, but also in memory of all the suffering their liberators endured. In the 80's, such artefacts could be obtained from direct witnesses of the fights. What was the circumstances of the discovery? What stories did the witness have? We need to admit that failing memories, sometimes influenced by movies, made some testimonies questionable. The movie "The Longest Day" came out in 1962, and was a huge hit in Norman cinemas. It was then often showed in regional cinemas, and its popularity never died down. Therefore, many generations claimed the scenes of this movie, and eventually integrated them to the local collective memory.

Des sacristains pour les fantassins !

Sextons for the footsoldiers!

L'artillerie anglaise emploie des canons sur chenilles appelés « SEXTON » (sacristain), par analogie humoristique avec le modèle américain appelé « PRIEST » (prêtre). Ce casque trouvé à côté de Vire dans les années 90 est du modèle adopté pour les troupes blindées, et arbore un insigne rouge et vert précisant son appartenance au Royal Army Service Corps (RASC) attaché à une unité blindée.

Un tankiste de la 27th Armoured Brigade, quelques jours avant le débarquement. (IWM)

A tank crewman of the 27th Armoured Brigade, a few days before the landing. (IWM)

The English artillery uses guns mounted on caterpillars called "SEXTON", which is a tongue-in-cheek reference to the American model called "PRIEST". This helmet found in Vire in the 90's is one of those made for the armoured troops, and has a red and green insignia to show it belonged to the RASC.

La Hitlerjugend à Ouistreham

Alors que les casques des armées de terre, de l'air et de la marine portent leur écusson du Reich à gauche, ce casque allemand modèle 1942 porte un écu de la Waffen-SS sur son côté droit. La double rune de triste mémoire est immédiatement identifiable par tous. Ce casque a été retrouvé en Normandie dans les années 80, chez un particulier qui avait conservé dans de très bonnes conditions ce trophée familial. D'aucuns pourront s'étonner de l'extrême visibilité de cet insigne, alors que les Waffen-SS ont été les précurseurs des tenues de camouflage. Les études approfondies menées avant la guerre les avaient en effet fait adopter d'amples blouses et couvre-casques aux côtés réversibles. Très en avance sur leur temps, ces effets portaient d'un côté des couleurs printanières et estivales, de l'autre des couleurs automnales. Les études réalisées à l'époque par leurs techniciens seront utilisées par de nombreuses armées après la guerre.

THE HITLERJUGEND IN OUISTREHAM

While the helmets of the land forces, air forces, and marine forces wear the emblem of the Reich on the right, this 1942 German model wears an emblem of the Waffen SS on the right. The infamous double rune is quickly recognizable by all. This helmet was found in Normandy in the 80's, in a private home, and the owner kept this family trophy in good conditions. We can be amazed at the great visibility of the insignia, when the Waffen SS were the pioneers in terms of camouflage. In-depth studies made before the war indeed made them adopt ample coats and reversible helmet covers. Way ahead of their time, these objects bore on one side spring-summer colours, and autumn colours on the other. The studies made by their technicians at the time will be used for many years after the war.

10h00 : les éclaireurs de la 12e SS-Panzerdivision Hitlerjugend atteignent les plages

10:00 a.m.: The scouts of the 12th SS-Panzerdivision Hitlerjugend reach the beaches

Dans la matinée du 6 juin et sans attendre les ordres de marche, la 12ème Panzerdivision SS « Hitlerjugend » (dont les soldats sont jeunes et issus des Jeunesses Hitlériennes) se met en route vers les plages de débarquement. Stationnée dans l'Eure, elle se dirige vers Lisieux tandis que son unité de reconnaissance, dotée de véhicules rapides et discrets, vient s'approcher d'Arromanches. La vision est sidérante et le constat rapide : Il s'agit bien du débarquement tant redouté, et les moyens alliés sont exceptionnels. Cette division blindée, bien équipée et dont les troupes sont fanatisées, va se positionner face aux plages anglo-canadiennes et tenter de tenir le terrain coûte que coûte. Dès le 7 juin, une contre-attaque visera à rejeter les alliés à la mer. Les combats de Buron et de Saint-Contest seront ensuite parmi les plus violents de la bataille de Normandie. Des soldats canadiens, notamment à l'Abbaye d'Ardenne, seront sommairement exécutés par ces troupes nazies.

Les chars «Tigre» de la SS-Panzer-Abteilung 101 montent au front. (BA)

The "Tiger" tanks of the SS-Panzerabteilung 101 go to the front. (BA)

Couvre-casque de la Waffen-SS trouvé dans l'Orne

Waffen-SS helmet cover found in the Orne region.

In the morning of June 6, and without waiting for the order to move forward, the 12th SS-Panzerdivision "Hitlerjugend" (whose soldiers are young, and come from the Hitler Youth), start moving towards the beaches of the landing. Stationed in the Eure region, they move towards Lisieux, while its reconnaissance unit, with quick and discreet vehicles, goes towards Arromanches. The view is astonishing, and the conclusion comes quick: This is indeed the landing they so dreaded, and the allied resources are incredible. This armoured division, well-equipped, and whose troops are fanatics, will position itself face to the Anglo-Canadian beaches and try to hold its ground whatever it takes. As soon as June 7, a counter-attack will try to push the Allied back to the sea. The fights in Buron and Saint-Contest will then be among the most violent of the battle of Normandy. Canadian soldiers, especially at the Ardennes Abbey, will be summarily executed by these Nazi troops.

Waffen-SS contre Anglo-Canadiens

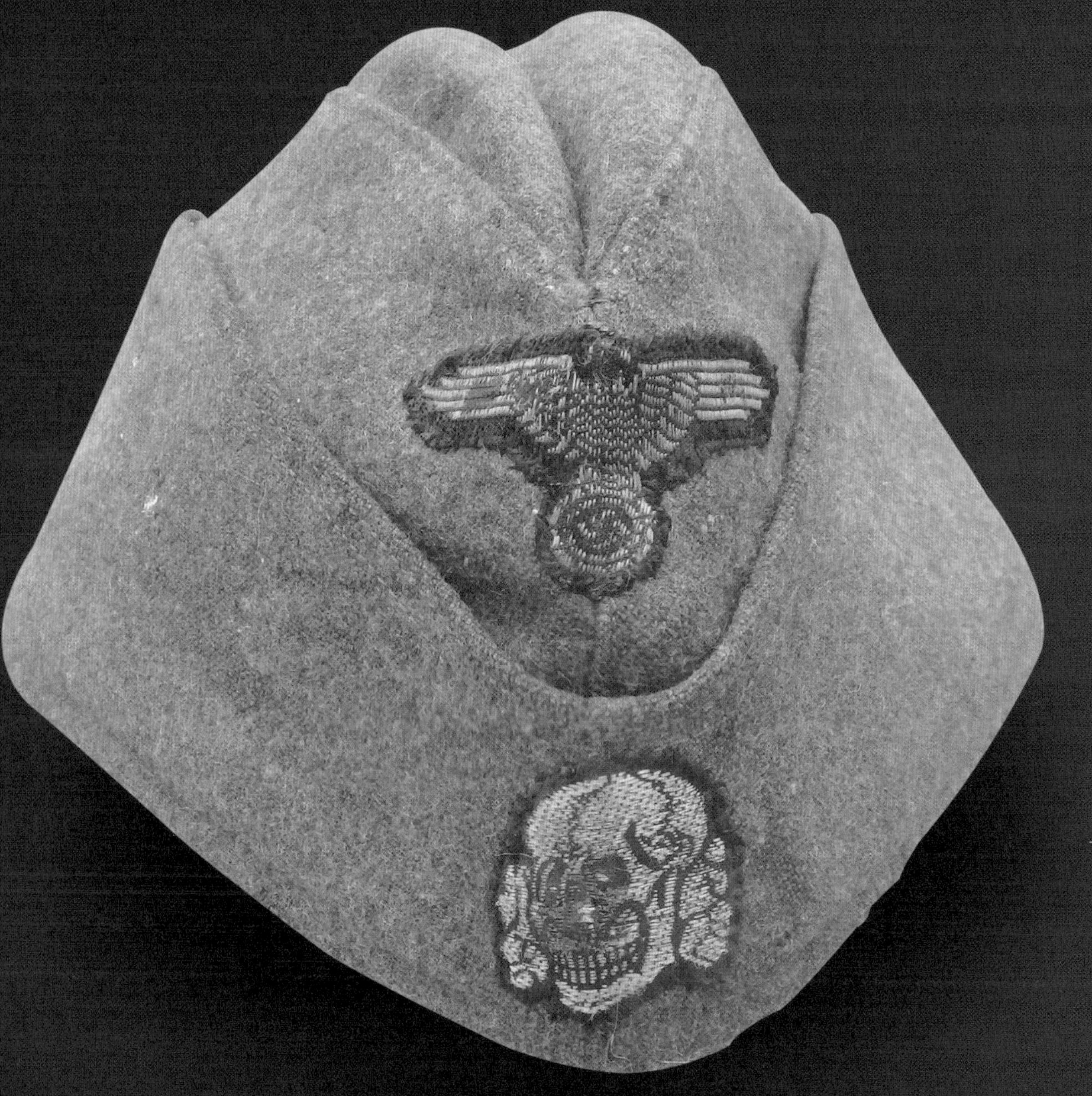

Ce calot du modèle spécifique porté par les Waffen SS arbore sur le devant les insignes réglementaires de ces troupes : un aigle stylisé et une tête de mort. Ce calot a été récupéré dans le département de l'Orne, vers Le Sap (Orne). C'est de cette commune que la 15. Aufklärungs-Kompanie du SS-Panzergrenadier-Regiment 25 est partie pour rejoindre Caen le 6 juin.

WAFFEN SS AGAINST ANGLO-CANADIANS

This cap of the specific model worn by the Waffen-SS shows on the front the two reglementary insignia of these troops: A stylised eagle and a skull. This cap was found in the Orne region, near Le Sap. It's from this village that the 15. Aufklärungs-Kompanie of the SS-Panzergrenadier-Regiment 25 left to get to Caen on June 6.

La Waffen-SS défend Caen

The Waffen SS defends Caen

Soldats de la Waffen-SS en patrouille à Villers-Bocage, coiffés du calot à tête de mort. (BA)

Soldiers of the Waffen-SS on patrol, wearing the cap with a skull insignia. (BA)

Six divisions et deux bataillons de chars Tiger de la Waffen-SS seront engagés durant la bataille de Normandie. Ces divisions arrivent successivement sur le front et engagent immédiatement le combat. Il n'y a pas de contre-offensive massive et organisée mais des actions très localisées et multiples qui vont causer de lourdes pertes aux alliés et forger une réputation redoutable à ces unités de la Waffen-SS. Certaines de ces unités ont déjà combattu en Russie et sont très expérimentées.
Les soldats de toutes les nations portaient une plaque d'identité en Normandie. Même si les modèles et les matières employées diffèrent, le principe restait le même : Pouvoir identifier les victimes des combats. En général, deux plaques similaires (ou comme ici une plaque pouvant être sectionnée en deux) étaient portées. En cas de décès, une des plaques était récupérée pour l'enregistrement, l'autre restant sur le corps.

Plaque identité d'un grenadier de la 12ème SS-Panzerdivision. Cette plaque provient de Cherbourg, ou elle fut probablement abandonnée par un prisonnier embarquant pour l'Angleterre ou les Etats-Unis. Les indications portées identifient un soldat d'une Panzer division SS.

Identification tag of a grenadier from the 12th SS-Panzerdivision. This tag comes from Cherbourg, where it was probably abandoned by a prisoner leaving for England or the United States. We can identify a soldier from an SS Panzer division.

Ligne de front devant Buron en juin 1944. Franz-Josef Kneipp, officier de transmission de la Waffen-SS. (KB Woscidlo/Coll. G.B.)

Front line before Buron in June 1944. Franz-Josef Kneipp, a transmission officer of the Waffen-SS. (KB Woscidlo/Coll. G.B.)

*Six divisions and two Tiger tank battalions of the Waffen-SS will be engaged in the battle of Normandy. These divisions arrive successively on the front and engage combat immediately. There is no massive organised counter-offensive, but multiple focused actions that will cause heavy losses for the Allies, which will forge a formidable reputation for these Waffen-SS units. Some of these units have already fought in Russia and are very experienced.
Soldiers of every nation used to wear an identification tag in Normandy. Even if the models and materials varied, the goal remained the same: To be able to identify the fallen soldiers. In general, two plaques (or, like here, one that could be snapped in half) were worn. In case of death, one plaque was taken for registration, and the other was left on the body.*

Une balle en plein front

Cette relique illustre la violence des combats qui se sont déroulés en Normandie en juin 1944. Ce casque allemand du modèle 1935 est parfaitement conservé et il porte bien visibles les insignes de l'armée de terre. Le soldat a inscrit ses initiales « BG » sur le cuir intérieur.

Pendant les affrontements, une balle est venue percuter et transpercer la coque d'acier, arracher le cuir intérieur sur sa partie avant, puis est ressortie. L'axe de la balle et les dégâts visibles démontrent que le grenadier « BG », s'il portait son casque au moment de l'impact, a été tué ou grièvement blessé. Un habitant normand a récupéré ce casque quelques jours après la fin des combats.

A BULLET RIGHT IN THE FOREHEAD

This relic illustrates the violence of the fights that took place in Normandy in June 1944. This model 1935 German helmet is perfectly preserved, and the Land Forces insignia is clearly visible. The soldier wrote his initials "BG" on the leather interior.

During the fights, a bullet came and pierced the steel shell, ripped the leather inside, and went out. The trajectory of the bullet indicates that the grenadier "BG", if he was wearing his helmet during the impact, was either killed or seriously injured. A Normandy resident took the helmet a few days after the end of the fights.

10h00 : Sword Beach, les hommes du général Richter affrontent les Anglo-Canadiens

10:00 a.m., Sword Beach: General Richter's men face the Anglo-Canadians

La 716ème division d'infanterie de la Wehrmacht défend la zone côtière calvadosienne en ce début juin 1944. Arrivée en 1942, son PC de commandement est situé à la Folie-Couvrechef, à Caen, à l'emplacement de l'actuel Mémorial Pour la Paix. Mise en alerte depuis 1h30 du matin, cette division va notamment défendre Sword Beach et s'opposer aux forces alliées de débarquement dès les premières heures.

L'efficacité de la division reste toutefois limitée : des soldats souvent âgés, des positionnements disséminés, un effectif régulièrement réduit pour alimenter les autres fronts. Son équipement est disparate avec notamment des engins chenillés réalisés à partir de chars et canons de différentes armées vaincues. La division va cependant combattre et ralentir quelque peu la progression alliée afin de permettre aux unités de renfort de se positionner. L'unité perdra 50% de ses effectifs dans la seule journée du 6 juin et ne pourra éviter la prise de Bayeux. Quasiment anéantie, elle sera officiellement retirée du front mi-juin pour partir vers le sud de la France.

The 716th infantry division of the Wehrmacht defends the coastal region in Calvados in the beginning of June 1944. Arrived in 1942, its command post is located at la Folie-Couvrechef, in Caen, at the exact location of the actual Mémorial Pour la Paix (Peace Memorial). Alerted since 1:30 a.m., this division will especially defend Sword Beach and face the Allied forces in the early hours. The efficiency of this division, however, remains limited: The soldiers are often old, the positioning all over the place, and the fighting forces regularly diminished to fuel the other fronts. The equipment is disparate, with caterpillar gear made of tanks and guns of various defeated armies. However, the division will fight and somewhat slow the allied progression and allow the reinforcements to get in position. The unit will lose 50% of its force on the 6th June alone, and wont be able to prevent Bayeux from being taken. Almost obliterated, it will be officially withdrawn from the front in mid-June and moved to the south of France.

Miraculeusement épargné…

Miraculously spared…

CASQUE DE LA WEHRMACHT À DEUX INSIGNES

Ce casque allemand modèle 1935 a été retrouvé par l'auteur dans le grenier d'une maison de Colleville-Montgomery. Il a participé aux combats du 6 juin et a probablement appartenu à un soldat de la 716ème division allemande. Très bien conservé dans un environnement sec, il a conservé une peinture très mate, assez typique des troupes d'occupation. Il présente encore sur le côté droit l'écu tricolore réglementaire aux couleurs nationales supprimé en 1940 (voir page 20). La directive ne fut pas systématiquement appliquée comme le démontre cette pièce abandonnée en Normandie en juin 1944.

HELMET FROM THE WEHRMACHT WITH TWO INSIGNIAS

This model 1935 German helmet was found by the author in the attic of a house in Colleville-Montgomery. It participated in the fights of June 6, and probably belonged to a soldier from the 716th German division. Well preserved in a dry environment, it kept a very matte paint, pretty typical of the occupying troops. We can still see on the right the official three-coloured shield removed in 1940 (page 20). The order was not systematically obeyed, as we can see on this piece abandoned in Normandy in June 1944.

Ce soldat allemand juché sur un blindé Marder III passe à côté de la l'aile d'un planeur. On distingue sur son casque l'aigle de la Wehrmacht. (BA)

This German soldier on top of an armoured vehicle Marder III passes by the wing of a glider. We can see on his helmet the Wehrmacht's eagle. (BA)

Les « Ox and Bucks »

Ce casque porte sur le côté l'insigne à quatre couleurs des « Ox and Bucks » ainsi qu'un filet à petites mailles, permettant d'accrocher des éléments naturels issus de la végétation locale. Encore une fois, une peinture mate antireflet vient accentuer l'effet camouflant. Cette pièce très bien conservée a été retrouvée au nord de Caen dans les années 80.

THE "OX AND BUCKS"

This helmet has on the side the four-colours insignia of the "Ox and Bucks", as well as a net with small meshes, which allows the wearer to attach bits of the local vegetation to the helmet. Once again, a coat of matte paint comes to accentuate the camouflage effect. This particularly well-preserved piece was found north of Caen in the 80's.

14h00 : Pegasus Bridge, jonction des troupes britanniques

2:00 p.m., Pegasus Bridge: Junction with the British troops

Les régiments des « Ox and Bucks » (contraction de Oxford and Buckinghamshire, du nom des deux comtés anglais) sont rattachés à la 53ème division d'infanterie britannique « WELSH ».
Deux régiments vont débarquer sur SWORD. Leurs soldats vont notamment suivre les commandos de Lord Lovat et faire la jonction avec les parachutistes qui tiennent le pont « PEGASUS » et ont déjà eu à affronter de dures contre-attaques allemandes. Leur arrivée scellera définitivement la réussite du coup de main.
Les « Oxs and Bucks » libéreront la commune d'Hérouvillette et participeront ensuite à la libération de Caen.

Derrière le pont « Pegasus bridge » on aperçoit les carcasses des planeurs. (IWM/Heimdal)

Behind the Pegasus bridge, we can see the remains of gliders. (IWM/Heimdal)

Planeurs Horsa à Bénouville (IWM/Heimdal)

Horsa gliders near Bénouville (IWM/Heimdal)

The "Ox and Bucks" regiments (short for Oxford and Buckinghamshire) are attached to the 53rd British infantry division "WELSH". Two regiments will land on SWORD. Their soldiers will follow the instructions of Lord Lovat, and make the junction with the paratroopers holding the "PEGASUS" bridge, who already had to face tough German counter-attacks. Their arrival will definitely seal the success of this operation. The "Ox and Bucks" will free the village of Hérouvillette, and will then participate in the liberation of Caen.

La Croix de Lorraine

Fiers et forts, les 177 commandos français du commandant Philippe Kieffer portent un béret sur SWORD BEACH. Tous les soldats des FNFL (Forces Navales Françaises Libres) présents lors du débarquement ont toutefois reçu un casque en dotation. Les deux exemplaires présentés proviennent bien de Normandie. Ils portent de manière très visible une croix de Lorraine en écu, avec les trois couleurs nationales.

THE LORRAINE CROSS

Strong and proud, the 177 French commandos under Commander Philippe Kieffer wear a cap on SWORD BEACH. Every soldier of the FNFL ("Forces Navales Françaises Libres", or Free French Naval Forces) present during the landings have however been given a helmet. The two examples presented here come indeed from Normandy. They bear, clearly visible, a Lorraine Cross in a shield, with the three national colours.

7h30 : Sword Beach, les forces françaises débarquent en libérateurs

7:30 a.m., Sword Beach: The French Forces land as liberators

A 7H30, LES 177 FRANÇAIS MEMBRES DU 1ER BATAILLON FUSILIERS MARINS COMMANDOS (BFMC) METTENT LE PIED SUR LE SOL NATIONAL.

Partis de France en 1940, ils ont rejoint l'Angleterre, souvent au péril de leur vie et dans des conditions parfois rocambolesques. La petite troupe française a pu se constituer et a été équipée par l'armée anglaise. Le 1er BFMC est rattaché au 4th Commando. Ils combattent avec engagement et acharnement pour libérer Ouistreham. La surprise des habitants de Riva Bella est grande de voir arriver des soldats parlant français et portant l'insigne « FRANCE » sur le béret. Avec les commandos de Lord Lovat, ils longent ensuite le canal de Caen à la mer pour rejoindre à 4 kilomètres de là la petite bourgade de Bénouville. Les parachutistes de la 6th Airborne Division qui tiennent le pont « Pegasus » les voient arriver avec soulagement vers 13 heures.

Des sous-officiers français du N° 4 Commando préparent des grenades sur une péniche de débarquement qui les amène sur Sword beach. (IWM)

French NCOs of the N°4 Commando prepare grenades on a landing craft taking them to Sword Beach. (IWM)

Autre casque des Forces Françaises

Another helmet of the French Forces

AT 7:30 A.M., THE 177 FRENCHMEN MEMBERS OF THE 1st MARINE FUSILIERS BATTALION SET FOOT ON THEIR NATIVE LAND.

They left France in 1940 to reach England, often risking their lives, and facing incredible conditions. The small French troop was created and equipped by the English army. The 1st BFMC is attached to the 4th Commando. They fight with determination and fury to free Ouistreham. Great is the surprise of the people of Riva Bella when they see French speaking soldiers wearing the "FRANCE" insignia on their berets. With the commandos of Lord Lovat, they then follow the canal of Caen to the sea to reach, four kilometres ahead, the small village of Bénouville. The paratroopers of the 6th Airborne Division who hold the Pegasus Bridge are relieved to see them when they arrive, at around 1:00 p.m.

Le plumet des Guards

The Guards' plume

Soldats de la « 3rd Irish Guards », se protégeant de la poussière, pendant l'operation « Goodwood », 18 juillet 1944. IWM

Guardsmen of 3rd Irish Guards in a Loyd carrier, wrapped up against the clouds of dust, during Operation 'Goodwood', 18 July 1944. IWM

Ce Casque Mark III (3ème modèle) a été trouvé au nord de la RN 13 reliant Caen à Bayeux il y a quelques années. Ce modèle représente une évolution importante puisqu'il répond aux critiques émises contre le casque du modèle précédent, essentiellement sa faible protection du visage et de la nuque. Il porte le flash des « Guards », rappelant le plumet blanc porté durant plusieurs siècles par cette unité d'élite de la monarchie britannique. Les grenadiers des Guards vont notamment affronter les unités allemandes les plus aguerries lors de la campagne de Normandie.

This Mark III (3rd model) helmet was found north of the RN 13 joining Caen to Bayeux a few years ago. This model represents an important evolution, since it responds to the criticisms made against the previous version, mainly its poor face and neck protection. It bears the Guards flash, recalling the white plume worn by this elite unit for centuries. The Guards grenadiers will face the most hardened German troops during the Normandy campaign.

Des Royal Engineers sont photographiés dans la Grande Rue d'Hermanville avec, de gauche à droite, madame Charles et madame Filmont. (IWM)

Some Royal Engineers have their picture taken in Hermanville's main street with, from left to right, madame Charles and madame Filmont. (IWM)

Mission : Déminer les plages

Mission: Clear the mines on the beaches

Ce casque anglais porte fièrement l'insigne des Royal Engineers. Ces soldats constituaient le soutien et le génie de combat. On y trouvait les sapeurs, les démineurs, etc. Ils participèrent aux combats en première ligne aux côtés de l'infanterie et des blindés.

This English helmet proudly bears the Royal Engineer insignia. Those soldiers were the support and combat engineering force. There were sappers, mine-clearing experts, etc. They participated to the fights in the first lines, next to the infantry and armoured vehicles.

Le flash blanc des Grenadier Guards

The white flash of the Grenadier Guards

Ces deux casques Mark II anglais portent le flash des Grenadiers Guards. Rattachés à la 5ème Brigade Blindée, ils vont notamment se heurter aux grenadiers de la Waffen-SS durant la bataille de Normandie. La peinture des insignes d'unité sur les casques étant réalisée à l'échelon local (souvent la section, voire individuellement par le soldat lui-même) par des hommes ayant des dons artistiques variables, on rencontre des marquages extrêmement différents au sein d'un même régiment. Tel est le cas ici, avec un flash imposant d'une part, et un flash volontairement discret de l'autre, dont la peinture parait atténuée par les outrages du temps.

These two English Mark II helmets wear the Grenadier Guards' flash. Attached to the 5th Armoured Brigade, they will notably face the Waffen-SS during the battle of Normandy. The paint of the unit insignias being applied locally (often by the section, or by the soldier himself), by men with varying degrees of artistic talent, wee see the marks vary wildly among a same regiment. This is the case here, with an imposing flash in one case, and an intentionally discreet in the other. The paint of the latter one seems to have fainted under the weather.

Photo prise le 6 juin à la sortie de Ver-sur-Mer en direction de Crépon. (IWM)

Photo taken on June 6, at the exit of Ver-sur-Mer on the road towards Crépon. (IWM)

Les « Engineers » en première ligne

The Engineers on the front lines

Dans les villages situés au nord de Caen, la progression alliée est fortement ralentie par les unités allemandes, composées des troupes d'occupation de l'armée de terre et de troupes redoutables, telles que la 12e division SS, sous un commandement qui s'est unifié. Le paysage alterne les plaines dégagées et les secteurs boisés. Les soldats des deux camps vont donc adapter leur protection à ces environnements.
Ce casque anglais des Royal Engineers porte l'insigne typique de cette formation. Mais le soldat a placé par-dessus une toile de jute, probablement coupée dans un sac d'approvisionnement. Maintenu par un filet, ce dispositif assure un camouflage efficace.

In the villages located north of Caen, the Allied progression is greatly slowed by the German units, composed of the occupying forces from the army as well as ferocious troops, such as the 12th SS division, under unified command. The landscapes shifts between open plains and woodlands. The soldiers on both sides will have to adapt to this environment. This English helmet from the Royal Engineers bears the typical insignia of this formation. However, the soldier placed jute over it, probably taken from a supply bag. Maintained by a net, this arrangement makes for efficient camouflage.

Deux officiers scrutent les positions ennemies et répercutent les informations aux artilleurs. (PAC)

Two officers watch the enemy positions and transfer the information to the artillerymen. (PAC)

Ce soldat du Régiment de la Chaudière s'amuse avec un jeune Normand. (PAC)

This soldier of the Regiment de la Chaudière plays with a Norman boy. (PAC)

Classique mais efficace !

Classic, but efficient!

Ce casque ne porte aucun insigne ni signe distinctif. Il est recouvert d'un simple filet et de quelques bandes de toile de jute colorées. La photo d'époque montre un tel dispositif, le plus fréquemment rencontré pendant l'été 1944.

This helmet bears no insignia or distinctive mark. It is covered of a simple net, and a few coloured jute bands. The period photo shows such a system, the most frequently used during summer 1944.

Un MP du 6 juin

An MP on June 6

Plage de Bernières, un MP appartenant au Beach Group fouille un prisonnier allemand. (PAC)

Bernières Beach, an MP belonging to the Beach Group searches a German prisoner of war. (PAC)

Les motocyclistes de l'armée anglaise portaient un modèle de casque bombé doté de bavolets en cuir. Afin de différencier les estafettes de liaison des troupes de la Military Police, une bande circulaire et les initiales MP étaient peints sur le casque. Cet exemplaire provient également du secteur normand et a été trouvé dans les années 90.
Il porte également la bande blanche des Beach groups, qui orientent et organisent l'évacuation des plages lors du débarquement au matin du 6 juin.

The motorcyclists of the English army wore a riding helmet with leather neck curtains. To distinguish them from the Military Police, a circular band and the initials MP were painted on the helmets. This piece also comes from Normandy and was found in the 90's. It also wears the white band of the Beach Groups, which organise and orientate the evacuation of the beaches during the landings, in the morning of June 6.

L'Aigle sous le grillage...

Ce casque allemand modèle 1940 porte l'aigle de l'armée de terre, la Wehrmacht, bien visible sur le côté gauche. Un grillage vient recouvrir le haut de la bombe et des fixations en assurent le maintien. Le grillage en lui-même procure un camouflage assez limité et vient accentuer l'inconfort du soldat, en raison du poids supplémentaire. Mais pour une unité aussi expérimentée, la dissimulation est primordiale. Le grillage permet de fixer branchages et feuillages empruntés au milieu naturel, renouvelés et remplacés au fil des secteurs occupés.

THE EAGLE UNDER THE FENCE

This German helmet model 1940 wears the eagle of the Land Forces, the Wehrmacht, clearly visible on the left side. A wire mesh covers the top of the shell, with fixations to make sure it stays in place. The wire mesh in itself provides limited camouflage, and is uncomfortable for the soldier, because of the additional weight. But, for a unit as experienced as this one, dissimulation is essential, and the wire mesh allows to attach branches and leaves taken from the local environment, which can be replaced according to the occupied sector.

15h00 : la 21e Panzerdivision bloque Caen et ouvre un corridor jusqu'à la mer

3:00 p.m.: The 21st Panzerdivision blocks Caen and opens a corridor to the sea

La 21e Panzerdivision a combattu sur de nombreux fronts, et notamment en Afrique du Nord. L'Etat-major allemand croit en sa force de frappe pour repousser un assaut allié. Aguerrie et correctement dotée en matériels, elle compte 20 000 hommes positionnés autour de Saint Pierre-sur-Dives, à quelques kilomètres de Sword Beach. Après des hésitations qui conditionneront l'issue de la bataille, cette unité va tenter de contre-attaquer vers Ouistreham, mais va rapidement devoir se positionner au nord de Caen, autour de Lébisey, une zone fortement boisée à l'époque, donc favorable à la défense de la ville.
Le 1er bataillon de panzers de la division blindée pousse même une reconnaissance jusqu'à la mer le 6 juin en fin d'après-midi, à Luc-sur-Mer, se glissant entre les unités alliées. On peut imaginer le sentiment des Allemands, découvrant les centaines de navires alliés et le déploiement logistique impressionnant à cette heure de la journée. Faute de soutien, le bataillon doit rapidement se retirer.
Fermement établie, la division va tenir ses positions au nord de Caen, allant même jusqu'à enterrer ses chars.

Des grenadiers allemands font une pause lors d'une montée en ligne. Vétérans décorés et jeunes soldats se côtoient. Le sous officier au premier plan a adapté un grillage sur son casque. (BA)

German grenadiers take a break during an advance in line. Decorated veterans and young soldiers hang out together. The NCO in the foreground has adapted a wire mesh to his helmet. (BA)

The 21st Panzerdivision fought on many fronts, notably in North Africa. The German General-Staff believes in its power to repel an Allied assault. Experienced and well equipped, it is composed of 20 000 men positioned around Saint-Pierre-sur-Dives, a few kilometres from Sword Beach. After some hesitation which will condition the outcome of the battle, this unit will try to counter-attacks towards Ouistreham, but will quickly have to position itself north of Caen, around Lébisey, a heavily wooded area at the time, and therefore favourable to the city's defence. The 1st panzer battalion of the armoured division even pushes a reconnaissance mission as far as the sea, slithering between the Allied units. We can well imagine how the Germans felt, when they discovered the hundreds of ships and the impressive logistics deployed at this time of the day. With lack of support, the battalion has to retreat quickly. Firmly established, the division will hold its positions north of Caen, going as far as to bury its tanks.

La casquette du commandant de char

Cette casquette, bien différente des hautes casquettes de sortie issues de chapeliers reconnus, a été trouvée près de Caen. Elle a certainement coiffé un officier de la Waffen-SS commandant un char pendant la bataille de Caen. Comme cela fut souvent le cas, il s'agit d'un ancien modèle de coiffure, à la forme avachie, doté d'insignes panachés, dont un aigle réglementaire ornant originellement les coiffures des Jeunesses Hitlériennes, surmontant une tête de mort. Rappelons que la tête de mort est un insigne traditionnel allemand très ancien. Largement reprise et adaptée par l'armée allemande, la symbolique de la tête de mort ne sera pas réservée à la Waffen-SS, comme on le croit souvent, mais utilisée par d'autres unités, dont les équipages de blindés de l'armée de terre. L'imagerie populaire, développée par certains films de guerre des années 60 à la véracité historique relative, a également conduit à assimiler tout uniforme noir aux soldats SS, alors que les troupes blindées de l'armée de terre le portaient réglementairement.

THE TANK COMMANDER'S CAP

This cap, quite different from the high caps made by famous hatters, was found near Caen. It most certainly belonged to an officer of the Waffen-SS that led a tank during the battle of Caen. As was often the case, it is an ancient model of headgear, with a shapeless form, decorated with an official eagle, which originally decorated the Hitler Youth's headgears, above a skull. Let's remember that the skull is a traditional German insignia, with ancient origins. Wildly used and adapted by the Nazi regime, the skull symbol will not be reserved to the Waffen-SS, as we are sometimes led to believe, but will also be used by other units, such as the Land Forces tank crews. The popular imagery, developed by some war movies from the 60's with debatable historical accuracy, also contributed to the association of any black uniform to the SS soldiers, when the Land Forces armoured troops also wore it.

17h00 : la 12e SS-Panzer-division Hitlerjugend monte au front

5:00 p.m.: The 12th SS Panzer Division Hitlerjugend goes to the front

A 14h00 Hitler a enfin donné son accord pour que la 12e SS-Panzer-division Hitlerjügend mène la contre-offensive. En fin d'après-midi les chars se dirigent vers Caen.
Les premiers affrontements avec les Anglo-Canadiens n'ont lieu que le 7 juin en début d'après-midi à proximité de l'Abbaye d'Ardenne, entre Authie et Buron. Les régiments blindés canadiens sont anéantis par les grenadiers conduisant la contre-offensive après les violents tirs de la 12e SS-Panzerdivision Hitlerjügend. Plusieurs centaines de Canadiens sont mis hors de combat et plus de 20 chars sont détruits.

Officiers de la Waffen-SS faits prisonniers par les Américains. (US Army/Heimdal)

Officer of the Waffen-SS, taken prisoner by the Americans. (US Army/Heimdal)

At 2:00 p.m., Hitler finally gave his accord for the 12th SS Panzer Division Hitlerjugend to lead the counter-offensive. In the late afternoon, the tanks move towards Caen. The first confrontations with the Anglo-Canadians won't take place before June 7, in the late afternoon, near the Ardennes Abbey, between Authie and Buron. The Canadian armoured regiments are annihilated by the grenadiers leading the counter-offensive after the violent shooting of the 12th SS Panzer Division Hitlerjugend. Hundreds of Canadian soldiers are neutralised, and more than 20 tanks are destroyed.

Le camouflage très élaboré du soldat WOBER

The elaborate camouflage of private WOBER

Ce casque allemand modèle 1940 porté en Normandie par le soldat G. WOBER possède un camouflage trois tons rapidement peint sur des bandes métalliques provenant certainement de récupération, voire de ressorts de matelas ! Cet aménagement est rare mais pas unique. On peut s'étonner d'un tel dispositif, rigoureusement d'époque, mais très particulier. Ce casque a été trouvé dans un château normand avec deux autres coiffures que nous présentons par ailleurs.

This model 1940 German helmet worn in Normandy by the soldier G. WOBER has a three colours camouflage pattern, quickly painted on metallic strips, certainly coming from banding strips, or even from mattress springs. This system is rare, but not unique. We can be surprised by such a system, which is representative of the time period, but still quite peculiar. This helmet was found in a Norman castle, with two other pieces also featured in this book.

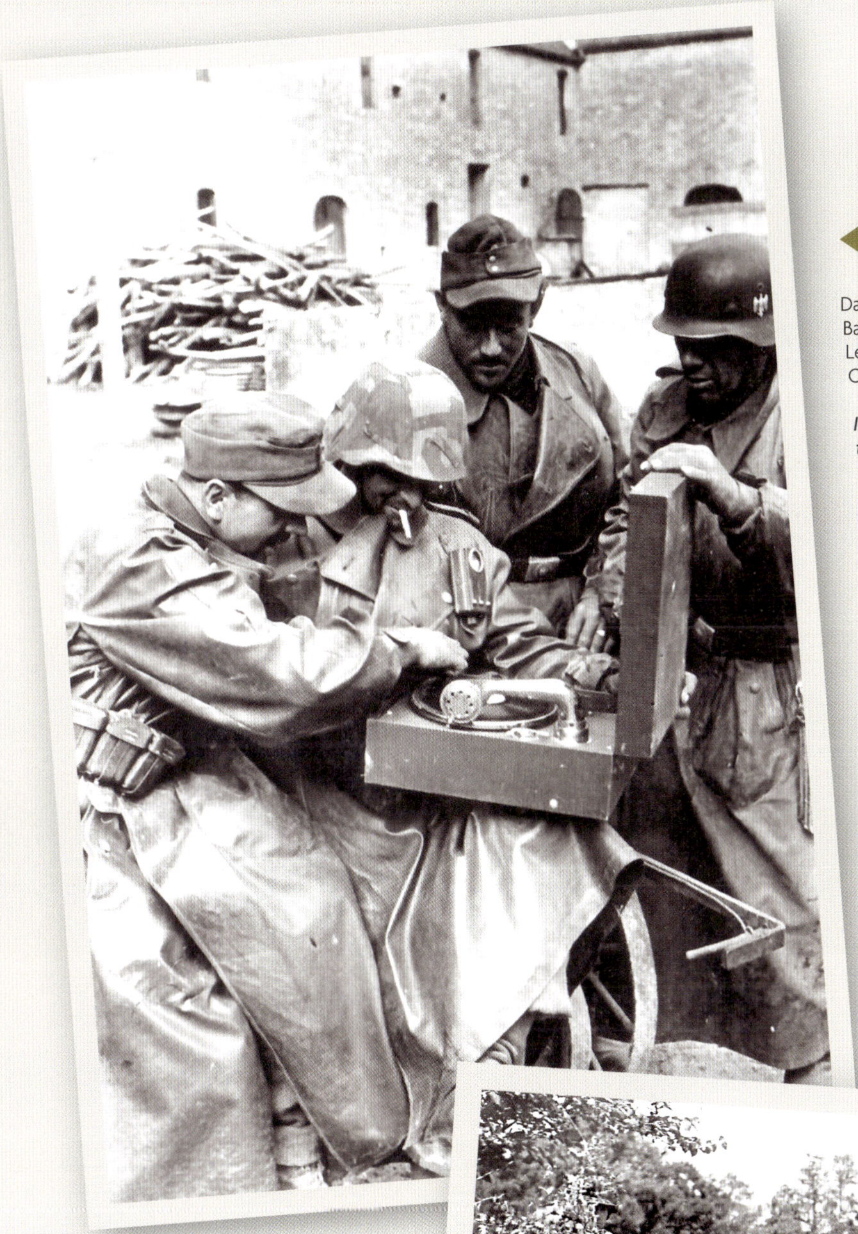

Dans la cour de la ferme des Pallières, au sud de Bayeux, ces motocyclistes allemands de la Panzer Lehr prennent quelques moments de détente. On remarque la disparité des coiffures. (ECPAD)

In the courtyard of the Pallières farm, near Bayeux, these German motorcyclists from the Panzer Lehr take a break. We can note the very different headgears. (EPCAD)

Ces soldats allemands portent des casques camouflés à l'aide de branchages. Ils rechargent un Nebelwerfer 41, pouvant lancer des charges fumigènes ou explosives avec une portée de 6,9 km. (BA 299/ 1821/27a)

These German soldiers wear helmets camouflaged with branches. They reload a Nebelwerfer 41, able to fire smoke bombs or explosives up to a distance of 6.9 kilometres. (BA 299/1821/27 a)

Les trois tons du bocage normand

The three colours of the Norman hedgerow

Ce casque allemand modèle 1940 porte des bandes de trois couleurs différentes (brun, ocre, vert) destinées à casser les lignes caractéristiques de la coiffure. Son état de fraîcheur est exceptionnel et son type de camouflage typique de la bataille Normandie au printemps 1944.

This model 1940 German helmet wears stripes of three different colours (brown, ochre, and green) destined to break the characteristic lines of the headgear. Its state of preservation is incredible, and its type of camouflage typical of the battle of Normandy in spring 1944.

Un chasseur de char allemand Geschützwagen 38 H fait mouvement dans la plaine entre Colombelles et Escoville (BA 493 / 3359 /34a).

A German tank hunter Geschützwagen 38 H moves in the plain between Colombelles and Escoville (BA 493/3359/34 a).

La couleur ocre des blés

The ochre colour of wheat

Normandie, opération de chargement du projectile et de sa douille dans la chambre de deux 8,8 cm Geschütz Flak 36/37. Les deux soldats en tenue de combat portent des casques avec filet pour aider au camouflage. (ECPaD.)

Normandy, German soldiers wear helmets camouflaged with simple net. They reload a Geschütz Flak 36/37. (ECPaD.)

Ce casque allemand modèle 1942 porte une peinture mate composée de couleurs fondues, sur une base jaune/ocre. A l'intérieur, on remarque encore des attaches de fil de fer destinées à accrocher un filet réglementaire.

This model 1942 German helmet has a matte paint made of blended colours, on a yellow/ochre base. Inside, we can still the cramps used to fix a regulatory net.

Des fantassins du 6th Durham Light Infantry Battalion patrouillent dans les rues de Chouain près de Bayeux (IWM/Heimdal)

Infantrymen of the 6th Durham Light Infantry Battalion patrol the streets in the village of Chouain, near Bayeux (IWM/Heimdal).

3

7 AU 14 JUIN 1944

Du 7 au 14 juin 1944 : l'entrelacement

Consolidation des premières têtes de pont et contre-attaques allemandes

Au soir du 6 juin, les alliés ont débarqué sur cinq plages de Basse-Normandie. Chaque camp tente d'évaluer la situation et de décrypter la stratégie adverse.

OBJECTIFS DES ALLIÉS : RÉUNIR LES CINQ TÊTES DE PONT

Pour les alliés, l'objectif est de relier le plus rapidement possible les plages conquises afin de disposer d'une zone de débarquement sécurisée pour toute la logistique nécessaire à l'invasion. Pour cela

Rare photo en couleurs prise au pied de l'abbatiale d'Ardenne. Au centre, Hubert Meyer, 1er officier d'état-major de la division Hitlerjugend. (Photo KB Woscidlo/Coll. G.B.)

Rare colour photograph taken at the foot of the Ardennes abbey. In the middle, Hubert Meyer, 1st General-Staff officer of the Hitlerjugend division. (Photo KB Woscidlo/ Coll. G.B.)

From June 7 to 14 1944: the interweaving

Consolidation of the first bridgeheads and German counter–attacks

ALLIED OBJECTIVES: REUNITE THE FIVE BRIDGEHEADS

For the Allied, the objective is to link the conquered beaches as soon as possible, to have a secured landing zone for all the logistics required to the invasion. For this, they benefit from great air superiority, more than 11 000 engaged aircraft, against about a thousand on the German side. This air mastery will be decisive to disturb the arrival of German reinforcements, especially the armoured vehicle, who are extremely exposed to the hunter's attacks. This will force the panzers to move during the night, or during the day under cover, in constant alert. This vulnerability will cost a lot to the armoured troops. For the naval side, the nearest German fleet is based in the Havre. On June 6, the Kriegsmarine intervene against the Allied armada, with torpedo launchers who will manage to sink the Svenner destroyer, a ship attributed to the Free Norwegian Forces, at around 5:30 a.m. near Ouistreham. This was the only ship destroyed by the German fleet on June 6.

Finally, the Allied can count on the French resistance intelligence and sabotage actions, which will slow down and disturb the supply of German troops.

GERMAN OBJECTIVES: PUSH THE ALLIED TROOPS TO THE SEA

Hitler, from his HQ in eastern Prussia, von Rundstedt in Saint-Germain-en-Laye, and Rommel in la Roche-Guyon all agree : the landings in Normandy are a diversion destined to remove the troops from Pas-de-Calais, where the real landings will take place. Convinced of this, the German General-Staff keep all the troops from the 15th army north of the Seine. Only a single Tiger battalion is sent in Normandy as reinforcement before the landings. Even if the Panzerlehrdivision and the 12th SS-Panzerdivision are operational in the evening of June 6, the counter-offensive will be too late and limited in resources. This will be decisive for the rest of the fights, since it will bring an advantage to the Allied forces during the first week of the landings.

ils bénéficient d'une très nette supériorité aérienne, plus de 11 000 avions engagés contre un millier pour les Allemands. Cette maîtrise aérienne va s'avérer décisive pour perturber l'acheminement des renforts allemands, en particulier les blindés qui sont extrêmement exposés aux attaques des chasseurs-bombardiers. Cela obligera les panzers à faire mouvement durant la nuit ou le jour sous couvert, en alerte permanente. Cette vulnérabilité coûtera cher aux troupes blindées.

Côté mer, la flotte allemande la plus proche est basée au Havre. Dès le 6 juin, la Kriegsmarine intervient contre l'armada alliée avec des vedettes lance torpille qui parviendront à couler à 5h30 au large de Ouistreham le destroyer Svenner, navire attribué aux forces libres norvégiennes. Ce fut le seul navire détruit par la flotte allemande le 6 juin.

Enfin, les alliés peuvent compter sur les actions de renseignement et de sabotage de la résistance française qui vont ralentir et perturber l'acheminement des troupes allemandes.

Panneau ZUR NORMANDIE FRONT
Une fois avoir admis que l'offensive alliée avait bien lieu en Normandie, l'Etat-Major allemand envoie à marche forcée des renforts de toute l'Europe vers ce front. Harcelées par les forces aériennes alliées, de nombreuses divisions, dont les unités blindées, vont rejoindre le front Ouest. Les panneaux de direction vont alors fleurir sur les routes. Ce panneau « ZUR NORMANDIE FRONT » est une relique recueillie par un résistant place de la Concorde à Paris, et conservée pendant des dizaines d'années par son fils. Fait extraordinaire, un film sur la libération de Paris, visible sur les sites internet spécialisés, montre la dépose de ce panneau fin août 1944, et le nouveau propriétaire s'en aller avec le panneau sous le bras. L'auteur a le plaisir de présenter ce panneau et engage le lecteur à le retrouver sur le film d'époque. (Collection privée)

ZUR NORMANDIE FRONT signpost
Once they admitted that the Allied offensive was indeed taking place in Normandy, the German General-Staff sent reinforcements from all Europe towards this front. Harassed by the Allied air forces, many divisions, including the armoured units, will join the western front. Signposts will start to appear everywhere on the roads. This signpost "ZUR NORMANDIE FRONT" is a relic taken by a member of the Resistance in Paris, place de la Concorde. Fun fact: a movie on Paris liberation shows this post being taken down, and the new owner leaving with it. The author invites the reader to find this signpost in this period film. (Private collection)

OBJECTIF DES ALLEMANDS : REJETER LES TROUPES ALLIÉES À LA MER

Hitler, depuis son QG de Prusse orientale, von Rundstedt à Saint-Germain-en-Laye et Rommel à la Roche-Guyon sont tous du même avis : le débarquement de Normandie est une diversion destinée à dégarnir le Pas de Calais des forces allemandes, zone où aura lieu le véritable débarquement.

Fort de cette conviction, l'état-major allemand conserve toutes les troupes de la 15e armée au nord de la Seine. Seul un bataillon de chars Tigre est envoyé en renfort sur la Normandie avant le débarquement.

Même si les divisions blindées allemandes, Panzer Lehr Division et 12e SS-Panzerdivision sont à pied d'œuvre au soir du 6 juin, la contre-offensive sera globalement tardive et limitée dans ses moyens. Cette posture sera déterminante pour la suite des combats car elle va entraîner un déséquilibre des forces à l'avantage des alliés durant la première semaine du débarquement.

3

7 / 14 juin 1944

LA CONQUÊTE DU BOCAGE

Une fois les plages conquises, les alliés pénètrent en profondeur dans les terres pour relier les plages entre elles et pour libérer Caen et Cherbourg. Une course de vitesse s'engage dans laquelle chaque camp sait qu'il joue une partie décisive.

Du 7 au 14 juin, les belligérants se livrent à des combats acharnés pour tenir, conquérir ou reconquérir des villages ou des lieux dits qui deviennent emblématiques de cette période terriblement confuse :

- Carentan, où s'affrontent parachutistes américains et parachutistes allemands,
- Azeville et Crisbecq, où les Américains mènent de furieux assauts pour s'emparer des batteries côtières qui menacent le débarquement des troupes,
- Le bois de Lebisey au nord de Caen où les panzers de la 21ème Panzerdivision repoussent la 3ème division d'infanterie britannique,
- Authie, à l'ouest de Caen, où le 7 juin la 3ème division d'infanterie canadienne est stoppée par les hommes de la 12e SS-Panzerdivision Hitlerjügend,
- Tilly–sur-Seulles, tenue par les grenadiers de la Panzer Lehr Division qui résistent aux attaques britanniques et obligent Montgommery à déclencher l'opération Perch le 10 juin,
- Villers–bocage, théâtre de violents combats entre chars allemands et britanniques,
- La vallée de la Mue que les commandos britanniques remontent pour libérer Rots et repousser les grenadiers de la 12e SS-Panzerdivision Hitlerjügend.

Cette course de vitesse va donner lieu à des combats acharnés dans tout le Cotentin et dans toute la zone au nord d'une ligne Tilly-sur-Seulles-Caen.

Huit jours après le 6 juin, près de 400 000 soldats alliés auront été acheminés. Face à eux, 200 000 soldats allemands auront été mobilisés et transportés sur le front normand.

La bataille des plages est alors gagnée. La fixation de cinq têtes de ponts solidement défendues et reliées entre elles est acquise. Mais Caen, qui devait être conquise dès le 6 juin au soir, reste aux mains des Allemands et devient « Caen l'inaccessible ». Cherbourg reste à conquérir.

Le mercredi 14 juin 1944, plusieurs centaines de bombardiers de la Royal Air Force anéantissent la flotte allemande stationnée au Havre. Le même jour, à 13 heures le Général De Gaulle débarque à Grayesur-mer. A 15h30 le Général De Gaulle entre dans Bayeux et y installe le premier commissaire de la République pour les territoires libérés. Les troupes allemandes mènent leurs derniers combats avant le repli sur Caen et l'engagement d'une nouvelle phase de contre-attaque. L'état-major est désormais convaincu que le débarquement allié a bien eu lieu en Normandie.

THE CONQUEST OF THE HEDGEROW

Once the beaches are conquered, the Allies penetrate deeply inside the land to link the beaches together, and to liberate Caen and Cherbourg. A speed race then takes place and each side knows they are playing a decisive game.

From June 7 to 14, *the fighters will engage in ferocious combat to hold, conquer, or retake villages and places that become emblematic of this terribly confused period:*

- *Carentan, where German and American paratroopers face each other,*

Azeville and Crisbecq, where the Americans lead furious assaults to seize the coastal batteries who threaten the landings,

- *The Leisbey woods, north of Caen, where the panzers of the 21th Panzerdivision push back the 3rd British infantry division,*
- *Authie, west of Caen, where, on June 7, the 3rd Canadian infantry division is stopped by the men of the 12th SS-Panzerdivision "Hitlerjugend",*
- *Tilly-sur-Seulles, held by the grenadiers of the Panzerlehr-Division, who resist the British attacks and force Montgommery to launch Operation Perch on June 10,*
- *Villers-bocage, scene of violent fights between German and British tanks,*
- *The Mue valley, that the British commandos cross to free Rots, and push back the grenadiers of the SS division "Hitlerjugend".*

This race will lead to furious combat all across Cotentin, and in all the area located north of a Tilly-sur-Seulles-Caen line. Eight days after June 6, almost 400 000 Allied soldiers will have been brought. Facing them, 200 000 German soldiers will have been mobilised and transported to the Norman front. The battle for the beaches is won. The link between the five bridgeheads is well defended. But Caen, who was supposed to be conquered on June 6, is still held by the Germans and becomes "Caen the inaccessible". Cherbourg remains to be conquered. On Wednesday June 14 1944, hundreds of bombers from the Royal Air Force annihilate the German fleet stationed in the Havre. The same day, at 1:00 p.m., General De Gaulle enters Bayeux, and installs the first commissioner of the Republic for the liberated territories. The German troops lead their last fights before the retreat towards Caen, and the engagement of a new phase of counter-attacks. The General-Staff is now convinced that the Allied landings are indeed taking place in Normandy.

A Carentan, un obusier automoteur américain de 105 mm de la 2nd Armored Division s'engage sur un passage à niveau. Les maisons portent les stigmates des récents combats. (US Army/Heimdal)

In Carentan, an American self-propelled assault gun of 105 mm from the 2nd Armored Division before a level crossing. The houses bear the scars of the recent fights. (US Army/Heimdal)

7 juin 1944. Des policiers militaires de la Provost Company, le Lance-Corporal A. Burton (au premier plan) et le Lance-Corporal L. Barnett gardent un carrefour près de Ranville dans leur tranchée. Les pancartes allemandes sont restées en place. (IWM)

June 7, 1944. Military police of the Provost Company, Lance-Corporal A. Burton in the foreground, and Lance-Corporal L. Barnett guard the Ranville crossroads from their trench. The German signposts are still in place. (IWM)

A l'ouest de Caen des fantassins anglais s'abritent derrière une haie. (IWM)

West of Caen, English foot soldiers hide behind a hedge. (IWM)

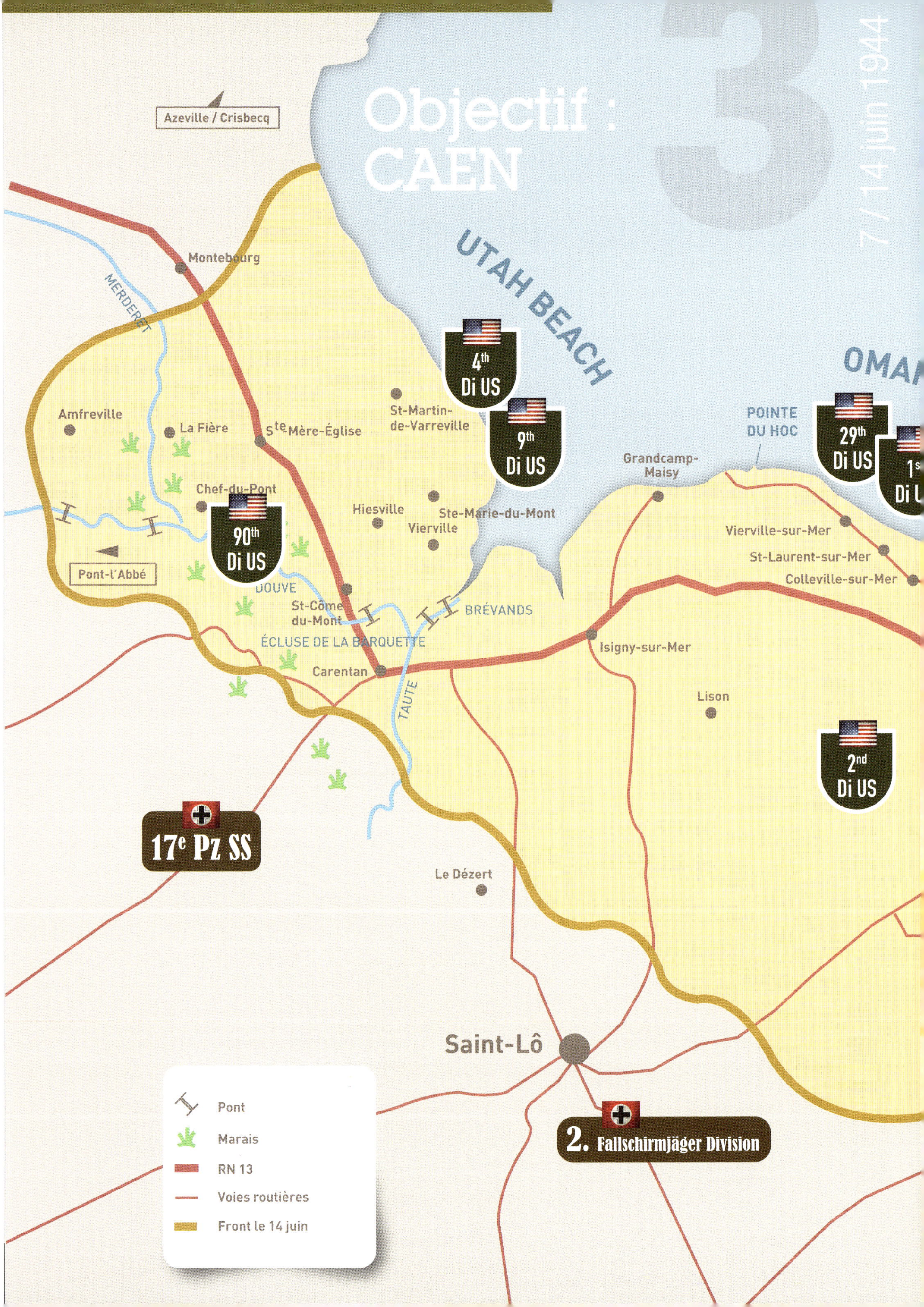
3
Objectif : CAEN
7 / 14 juin 1944
Azeville / Crisbecq
UTAH BEACH
OMA
Montebourg
MERDERET
4th Di US
9th Di US
29th Di US
1s Di U
90th Di US
2nd Di US
Amfreville
La Fière
Ste-Mère-Église
St-Martin-de-Varreville
POINTE DU HOC
Grandcamp-Maisy
Chef-du-Pont
Hiesville
Ste-Marie-du-Mont
Vierville
Vierville-sur-Mer
St-Laurent-sur-Mer
Colleville-sur-Mer
Pont-l'Abbé
DOUVE
St-Côme-du-Mont
BRÉVANDS
ÉCLUSE DE LA BARQUETTE
Isigny-sur-Mer
Carentan
TAUTE
Lison
17e Pz SS
Le Dézert
Saint-Lô
2. Fallschirmjäger Division
Pont
Marais
RN 13
Voies routières
Front le 14 juin

Manche
N
ACH
GOLD BEACH
JUNO BEACH
SWORD BEACH
Port-en-Bessin
Huppain
Arromanches-
les-Bains
Asnelles
Courseulles-
sur-Mer
Bernières-sur-Mer
St-Aubin-sur-Mer
Luc-sur-Mer
Lion-sur-Mer
Ouistreham
Ver-sur-Mer
Graye-sur-Mer
50th British
Division
RN13
ayeux
Douvres-la-Délivrande
3rd
Can Di
51th British
Division
Amfreville
711e Di
Ranville
Bénouville
Pégasus
Bridge
Bréville
6th British
Armoured
Division
Hérouvillette
Loucelles
Rosel
VALLÉE DE LA MUE
Buron
Rots
Authie
St-Contest
Abbayes
7th British
Armoured
Division
Mesnil
Patry
St-Manvieu
Norrey
Lingèvres
Tilly-sur-Seulles
Carpiquet
716e Di
CANAL
ORNE
Caen
21e Pz
12e Pz SS
Panzer Lehr
Cagny
St-Pierre-sur-Dives
Cintheaux
Argentan
Villers Bocage
1e Pz SS

Touché par un éclat d'obus

CASQUE DE LA 12E SS HITLERJUGEND

Ce casque modèle 1940 est un symbole de la violence des combats entre Canadiens et Allemands au nord de Caen. Trouvé sur les lieux mêmes des affrontements, il porte sur la partie arrière un trou probablement causé par un éclat d'obus. Les traces intérieures laissées par le projectile laissent penser que le grenadier a été grièvement blessé ou même tué par cet impact. Les corps restés sur les terrains conquis étaient rapidement inhumés et la coiffure du soldat souvent posée sur la tombe. Les sépultures provisoires ont rapidement été relevées après la guerre et de grands cimetières alliés et allemands furent créés en Normandie. Chaque année, les restes de soldats sont encore découverts à l'occasion de travaux agricoles ou de construction.

HIT BY SHRAPNEL

HELMET OF THE 12TH SS HITLERJUGEND

This model 1940 helmet is a symbol of the violence of the fights between Canadians and Germans north of Caen. On the back, we can see a hole, probably caused by shrapnel. The traces inside caused by the projectile leaves us to believe that the grenadier was severely injured, or even killed by the impact. The bodies left on the battlefield were quickly buried, and the soldiers' headgear often placed on the grave. Temporary graves were quickly relieved after the war, and huge German and Allied cemeteries were created in Normandy. Every year, the remains of soldiers are still discovered during agricultural and construction works.

7 juin 14h00 : Canadiens et Waffen-SS face à face dans Authie

June 7, 2:00 p.m.: Canadians and Waffen-SS face to face in Authie

Le 7 juin matin, plusieurs villages du nord-ouest de Caen sont libérés par la 7ème brigade d'infanterie canadienne, Regina et Royal Winnipeg Rifles. En début d'après-midi, le 25e régiment de la 12e SS-Panzerdivision Hitlerjügend va contre-attaquer vers Authie. Les combats avec le 27e régiment blindé canadien vont être si violents que ses compagnies A, B et C sont décimées (400 hommes) et 21 chars détruits.

Ce GI examine des tombes allemandes. Le casque de chaque soldat tué est posé sur sa croix provisoire. (US Army et D.F./Heimdal)

This GI examines German tombs. The helmet of each soldier has been placed on the temporary crosses. (US Army and D.F./Heimdal)

In the morning of June 7, many villages northwest of Caen are liberated by the 7th Canadian infantry brigade, the Regina and Royal Winnipeg Rifles. In the early afternoon, the 25th regiment of the 12th SS-Panzerdivision "Hitlerjugend" will counter-attack towards Authie. The fights with the 27th Canadian armoured regiment will be so violent that its A, B, and C companies will be decimated (400 men), and 21 tanks destroyed.

Parachutistes allemands dans la campagne normande, printemps 1944. Photo extraite d'un album personnel abandonné.

German paratroopers in Normandy, spring of 1944. Photo taken from a personal album.

Un câble de vélo recyclé

A recycled bicycle wire

Cet exemplaire parfaitement conservé porte un camouflage particulier fait de coups de pinceau de trois tons différents. Le soldat a fixé ce qui semble être un câble de frein de vélo, afin de casser la ligne du casque et surtout de pouvoir y accrocher des branchages. Ce casque a été récupéré chez un habitant de l'Eure il y a dix ans.

This perfectly preserved piece wears a particular camouflage, made of brush strokes of three different colours. The soldier attached what seems to be a wire from the breaks of a bicycle, to break the lines of the helmet, and, most importantly, to be able to attach branches and leaves. This helmet was obtained ten years ago from an Eure denizen.

Casque camouflé de l'Oberwachtmeister Martinek

Camouflaged helmet of the Oberwachtmeister Martinek

Le grade (spécifique aux unités dites de cavalerie) et le nom indiqués au niveau de la nuque identifient probablement un membre d'une unité de canons automoteurs de la Panzer Lehr Division. Sur ce casque camouflé les couleurs visibles sont très vives, toujours dans les trois tons habituels rencontrés en Normandie.

The rank (specific to the cavalry units) and the name written at neck level probably identify a member of a motorised self-propelled gun unit of the PANZER LEHR DIVISION. On this camouflaged helmet, the visible colours are very bright, always in the usual three shades found in Normandy.

Mourir pour Saint-Lô

UN TÉMOIN DES COMBATS DU SECTEUR DE SAINT-LÔ.

Trouvé dans une ferme par l'auteur dans les années 80, c'est un témoin des combats enragés entre les parachutistes américains et allemands de juin 1944, dont l'intensité a été à la mesure de l'enjeu : assurer la tête de pont alliée à l'ouest de la zone. Le casque a subi quelques outrages du temps mais a gardé son aigle aux ailes déployées des troupes aériennes de la Luftwaffe. L'auteur a décidé de conserver telle quelle cette relique émouvante des durs combats autour de Saint-Lô.

TO DIE FOR SAINT-LÔ

A WITNESS OF THE FIGHTS IN SAINT-LÔ AREA

Found in a farm by the author in the 80's, this is a witness of the ferocious fights between the German and American paratroopers in June 1944, where the intensity was a reflection of what was at stake: secure the bridgehead west of the area. The helmet has suffered the ravages of time, but the Luftwaffe eagle, with the wings spread, is still visible. The author decided to keep as is this relic of the fights around Saint-Lô.

Du 7 au 11 juin : parachutistes allemands contre parachutistes américains

From June 7 to 11: German paratroopers against American paratroopers

Lors du repli sur Carentan, à travers les marais, des parachutistes allemands du 6ème régiment utilisent une mitrailleuse américaine de prise. (Coll. Volker Griesser/VS-Books-Heimdal)

During the fall back towards Carentan, German paratroopers use an American machine gun they took. (Coll. Volken Griesser/VS-Books-Heimdal)

« Direction Carentan ! »

Les parachutistes américains de la 101st Airborne Division vont affronter les parachutistes allemands du 6. Fallschirmsjäger Regiment du Major von der Heydte dans un contexte crucial : assurer définitivement la tête de pont alliée dans la Manche. Les positions sont déjà relativement sûres mais le ravitaillement, notamment les munitions, est limité. Les renforts sont attendus et les hommes sont épuisés. Les paras allemands défendent Carentan et les villages alentours haie après haie dans des combats où leur expérience leur permet de retarder l'avancée américaine. De leur côté, les alliés craignent qu'une contre-attaque puisse contrarier la jonction avec les forces venant d'Omaha. Elle n'aura jamais lieu. Les points de résistance tombent l'un après l'autre, et le 11 juin les Allemands évacuent la zone. Les américains occupent maintenant un secteur opérationnel sûr.

Même si le casque a été récupéré il y a plus de 30 ans et conservé au sec dans de bonnes conditions, son intérieur, son cuir et sa jugulaire à quatre brins avaient déjà subi des dommages importants. Une telle découverte était rare à l'époque. Plus encore lorsque le cuir et la jugulaire étaient encore présents. Retrouver une de ces reliques est aujourd'hui rarissime.

Even if this helmet was obtained more than 30 years ago, and kept in good conditions in a dry space, its inside, leather, and chinstraps were already damaged. Such a discovery was rare at the time, even more so when the leather and chinstraps were still on it. To find one of these relics today is incredibly rare.

"To Carentan!"

The American paratroopers of the 101st Airborne Division will face the German paratroopers of the 6.Fallschimjäger-Regiment of Major von der Heydte, in a crucial context: secure definitely the Allied bridgehead of the Manche area. The positions are already relatively secured, but the supply, especially in ammunitions, is limited. Reinforcements are expected, and the men are exhausted. The German paratroopers defend Carentan and the nearby villages, hedge after hedge, in fights where their experience allow them to slow the American advance. On the other side, the Allies fear a counter-attack that would disrupt the junction with the Omaha forces. It will never happen. The resistance points fall one after the other, and, on June 11, the Germans evacuate the area. The Americans now occupy a safe operational sector.

Casquette d'un officier allemand de l'infanterie, dite « alter art » (ancien modèle)

Cette casquette diffère grandement des belles casquettes de chapeliers allemands que les Français voient pendant les cérémonies locales et dans le magazine SIGNAL, mensuel de propagande allemand traduit et largement diffusé dans tous les pays occupés. Héritée des casquettes de la Première Guerre mondiale, sa forme plate, ses insignes tissés et son allure générale sont caractéristiques d'un officier de front expérimenté. Son intérieur simple confirme cette impression. Preuve s'il en était besoin de l'usage répété de cette coiffure, la visière présente une usure bien visible à l'endroit où l'officier avait l'habitude de la saisir avec ses doigts. Cette coiffure a été récupérée auprès d'un résistant français ayant opéré dans les environs de Tilly-sur-Seulles.

AN OFFICER TO BATTLE

CAP OF AN INFANTRY GERMAN OFFICER, CALLED "ALTER ALT" (ANCIENT MODEL)

This cap differs greatly from the beautiful caps made by German hatters that the French see during official ceremonies, and in the SIGNAL magazine, a monthly German propaganda publication, translated and largely distributed in all the occupied countries. The flat shape, inherited from the caps of the First World war, the woven insignias, and its general look are characteristic of an experienced officer. The simple interior confirms this impression. Proof of the repeated use, the visor is worn out where the officer used to take it with his fingers. This cap was obtained from a Resistance member, who used to operate in the Tilly-sur-Seulles area.

8 juin : la Panzer Lehr veut reprendre Bayeux !

June 8: The Panzer Lehr wants to retake Bayeux!

Partie du Mans le 6 juin, la division blindée allemande « Panzer Lehr » subit des pertes importantes durant son transfert vers le front normand. Les chasseurs alliés ont réussi à traquer les véhicules pourtant camouflés et à attaquer les convois ferrés. Des unités déjà éprouvées avant d'avoir combattu vont rejoindre les premières lignes. Dans l'après-midi du 8 juin, la contre-attaque pour reprendre Bayeux peut toutefois être lancée à partir de Tilly-sur-Seulles. Elle sera arrêtée par les troupes britanniques. Le 10 juin, les Anglais lanceront l'opération PERCH, destinée à prendre le village et enfoncer le front allemand.

Des panzergrenadiers de la 21e Panzer-Division, portant blouses et couvre-casques camouflés illustrés pages 68, entourent un Leutnant coiffé d'une casquette semblable à celle présentée ci-contre. (BA 495/3435/38 a)

Panzergrenadiers of the 21st Panzer-Division, wearing camouflage coats and helmet covers, shown on pages 68, surrounding a Leutnant wearing a cap similar to the one presented on the left. (BA 495/343/38 a)

Leaving Mans on June 6, the German armoured division "Panzer Lehr" will suffer heavy losses during its transfer to the Norman front. The Allied hunters managed to track down the camouflaged vehicles, and to attack the railway convoys. Already damaged units will join the first lines. In the afternoon of June 8, the counter-attack to retake Bayeux can, however, be launched from Tilly-sur-Seulles. It will be stopped by the British troops. On June 10, the English will launch Operation PERCH, destined to take the village and push the German front.

Casque allemand camouflé et grillagé de la Panzer Lehr

PANZER LEHR helmet, with camouflage and a wire mesh

Ce casque allemand trouvé dans le secteur occupé par la division Panzer Lehr est resté dans un état de fraîcheur exceptionnel. Autre singularité, le dispositif camouflant est double : une peinture de camouflage a été apposée sur la coque, venant recouvrir les « trop » visibles insignes réglementairement apposés à droite et à gauche, puis un grillage a été positionné sur l'ensemble de sa surface. Enfin une cordelette est venue sécuriser le tout.

This German helmet, found in area occupied by the Panzer Lehr division, stayed in a remarkable state. Another particularity, there is a double camouflage system: a camouflage paint was applied on the shell, to cover the "too" visible regulatory insignias applied left and right, and a wire mesh was applied on the whole helmet. Finally, a cord maintains it all into place.

La tension se lit sur les visages des soldats de la Panzer-Lehr-Division lors d'un projet de contre-attaque depuis Juaye-Mondaye. (ECPAD)

Tension is visible on the faces of these soldiers from the Panzer-Lehr-Division, during a counter-attack project from Juaye-Mondaye. (ECPAD)

Des blindés allemands de la Panzer Lehr se préparent à l'attaque près de la ferme des Pallières à Juaye-Mondaye. (ECPAD)

Photo taken from the Pallières farm in Juaye-Mondaye, showing German tanks preparing for the assault. (ECPAD)

RADIO NORMANDIE émet dès le 9 juin à Bayeux !

RADIO NORMANDIE broadcasts as soon as June 9 in Bayeux!

3

L'auteur a le plaisir de vous présenter ces feuillets exclusifs des premières émissions de radio libres en France libérée. Rédigées grâce aux informations des alliés, ces informations ont été diffusées à compter du 9 juin 1944, parfois plusieurs fois par jour. Des tampons RUAULT, PHILIPS RADIO, Permanence RADIO NORMANDIE BAYEUX sont visibles sur certains feuillets, lesquels sont écrits sur papier pelure ou parfois au dos de fiches publicitaires.

The author is pleased to present these exclusive sheets from the firsts radio broadcasts in liberated France. Written thanks to the Allied informations, these information were broadcast since June 9, sometimes several times a day. RUAUL, PHILIPS RADIO, and Permanence RADIO NORMANDIE BAYEUX stamps are visible on some papers, which have been written onion-skin paper, and, sometimes, on the back of advertisements.

Emission radio des alliés, à l'ouest de Cherbourg. Normandie 1944. (US Army/Heimdal)

Allied radio broadcast, west of Cherbourg. Normandy 1944. *(US Army/Heimdal)*

(Heimdal)

11 JUIN 1944
Permanence : RADIO-NORMANDIE
BAYEUX

- INFORMATIONS DE 13 H 30 - du 11 JUIN 1944 - N° 11

- Front de Normandie - Les troupes britanniques ont atteint TILLY-sur-SEULLES, aprés des attaques de divisions blindées.-
Hier l'artillerie de marine a soutenu efficacement les opérations de ce secteur.-
Les américains se trouvent entre ISIGNY et CARENTAN et ont réalisé quelques progrés au nord est de CARENTAN, malgré la résistance de l'ennemi.
Dans la région de CAEN les attaques ennemies contre nos positions n'ont fait aucunsprogrés.
Les formations de chasseurs se sont attaquées aux routes et aux lignes de chemin de fer et ont dédruit un train de munitions. 23 chasseurs ne sont pas rentrés de ces opérations.-
Les bombardiersmoyens sont descendus quelquefois jusqu'à 60 métres et ils ont pilonné sans arrêt. Ils ont bombardé FALAISE & SAINT LO.-
Des embranchements ferroviaires ont été bombardés à ORLEANS, DREUX, ACHERES, VERSAILLES. 20 bombardiers sont portés manquants.
En se trouvant à Tilly-sur-Seulles au Sud-Est de BAYEUX, les troupes alliées forment un front continu sur une longueur de 80 Kilométres.-
Pendantla nuit le vent est tombé ce qui a facilité les débarquements des troupes.
Les canons des unités navales continuent à entraver les mouvements des troupes allemandes, à longueur de journée d'écrasantes bordées sont envoyées,
Dans le secteur de CAEN, les allemandsont amené par chemin de fer un certain nombre de chars, - L'aviation alliée a repéré le train et l'a entiérement détruit,

- ITALIE - On signale de nouvelles avances dans le secteur de l'Adriatique.
La 5éme armée occupe une ville qui se trouve à 80 Kms au Nord de ROME-
TRIESTE a été bombardée.-

- RUSSIE - Aucun changement sur l'ensemble du Front.-

-:-

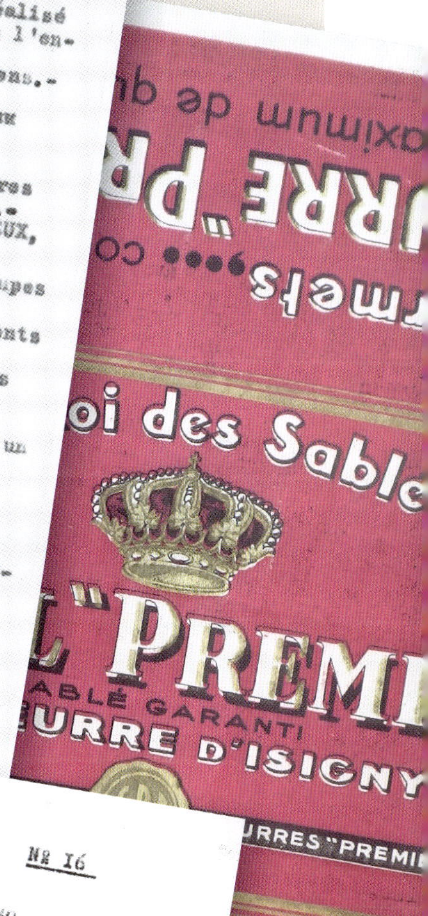

R. RUAULT
PHILIPS RADIO
13 JUIN 1944
Permanence : RADIO-NORMANDIE
BAYEUX

13 JUIN 1944

- INFORMATION ANGLAISES DE 9 H 30 - N° 16
-s-e-e-e-e-e-e-e-e-e-e-e-e-e-

- NORMANDIE -
Les Alliés ont agrandi leur tête de pont.-
CARENTAN est libéré. Cette ville est tombée hier matin à 8 H 30. aprés des bombardements d'artillerie qui ont duré toute la nuit, la bataille s'est erminée par un corps à corps où les soldats avaient de l'eau jusqu'à la ceinture.-
C'est dans la région situ e entre TILLY- & CAEN que les combats restent les plus violents. La Bataille a augmenté d'intensité. Hier TILLY a chagé de main à plusieurs reprises. 250.000 Allemands prennen part au combat.-
A ce jour on annonce 10.000 Prisonniers.-
Le front des Alliés s'étend maintenant sur une centaine de Kilométres, sa plus grande profondeur se trouve au sud de la Forêt de CERISY, où elle atteint prés de 30 Kms.
Dans le COTENTIN dans la partie Ouest l'ennemi a reçu des renforts et sa résistance est plus énergique.-
A l'Est du COTENTIN les Américains ont repris l'offensive au Sud de LISON. et ont chassé les Allemands de la Forêt de CERISY qu'ils ont entiérement nettoyée. L'aviation alliée a bombardé la Forêt à plusieurs reprises.-
Les forces françaises de l'intérieur conformément aux ordres reçus ont partout intensifié les opérations de guérillas contre les Allemands, dans toutes les régions ils ont entravé les mouvements de l'ennemi.-
On n'a pas reçu confirmation des nouvelles Allemandes selon lesquelles les forces alliées auraient atteint les abords de Saint Lô,
L'aviation alliée éxécute des attaques massives contre les aérodromes et les communications ennemies. I. 400 bombardiers lourds américains prennentpart à ces opérations. Tous les bacs de la Seine ont été attaqués. Les appareils alliés détruisent les ponts de bateaux que l'ennemi construit sur la Seine au fur et à mesure qu'ils les assemblent.-
Hier comme les jours précédents les navires de guerre ont appuyé, tres efficacemmenles opérations terrestres.-
M. CHURCHILL s'est rendu en France prés des troupes britanniques il y a quatre ans jour pour jour que M. CHURCHILL a fait son dernier voyage en France.
Le Général EINSENHOVER est allé en France ... américains, il était accompagné de ...

ITALIE -
La 14 ...

Tombé dès les premiers affrontements

Casque allemand de grenadier de la Waffen-SS.

Ce casque modèle 1942 a été découvert dans la commune du Dézert au sud de Carentan. Directement ramassé par un habitant, il a coiffé un soldat de la 17e SS division Götz von Berlichingen. A droite de la coiffure, l'écusson aux doubles runes gothiques est apposé, alors que les troupes aériennes, marines et de terre le portent à gauche. D'après les Normands qui l'avaient conservé, le jeune grenadier qui le portait a perdu la vie en défendant le village.

FALLEN DURING THE FIRST CONFRONTATIONS

GERMAN HELMET OF A GRENADIER OF THE WAFFEN-SS

This model 1942 helmet was found in LE DEZERT village, south of Carentan. Directly picked up by a resident, it used to be worn by a soldier of the 17th SS division Götz von Berlichingen. The shield with the two Gothic runes have been applied on the right, while the air, marine, and land troops wear it on the left. According to the Normans who found it, the young grenadier who wore this helmet was killed defending the village.

9 juin : les SS vont-ils reprendre Carentan ?

June 9: Will the SS take back Carentan?

Les grenadiers de la 17e SS division Götz von Berlichingen ont reçu des ordres clairs : reprendre Carentan. Partie du département des Deux-Sèvres où elle était stationnée, la division a pu rejoindre le front de Normandie malgré l'omniprésence alliée dans le ciel. Les Allemands ont appris à voyager de nuit et à camoufler leurs véhicules grâce à des branchages. Malgré les promesses répétées de Göring, la Luftwaffe ne pourra soutenir les troupes au sol en Normandie. Les usines du Reich n'ont pourtant jamais produit autant d'avions. Mais beaucoup de chasseurs sont mobilisés pour la défense de l'Allemagne : les bombardements alliés sur les villes allemandes sont quotidiens et atteignent le moral de la population. Ecrasés par le nombre d'avions alliés, l'aviation allemande ne pourra jouer un rôle décisif en juin 1944.

Soldats de la Waffen-SS en position de tir contre les avions. (Photo W. Woscidlo/Coll. Heimdal)

Soldiers from the Waffen-SS in firing position against the aircraft. (Photo W. Woscidlo/Coll. Heimdal)

The grenadiers of the 17th SS division Götz von Berlichingen have received clear orders: take back Carentan whatever the cost. Leaving from the Deux-Sèvre department, where it was stationed, the division managed to join the Normandy front despite the Allied air presence. The Germans learned to move by night, and to camouflage their vehicles with branches. Despite the repeated promises from Göring, the Luftwaffe won't be able to support the land troops in Normandy. The German factories have yet never produced this many aircraft. But many hunters are mobilised to protect Germany: the Allied bombings on Germany are a daily occurrence, and affect the population's morale. Crushed by the number of Allied planes, the German aviation won't be able to play a decisive role in June 1944.

Un « dur à cuire »

Retrouvé dans la Manche, ce casque est resté dans son état d'origine, tel qu'abandonné en juin 1944. Un filet à petit mailles est fixé sur le casque lourd. Ce camouflage casse la « ligne » de la coiffure et permet de masquer les reflets. Le symbole TO a été sommairement peint en rouge dans un style très apuré mais tout à fait conforme au badge réglementaire : la barre verticale du T ne dépassant pas le point le plus bas du « O » ovale. La peinture brillante rouge vif est caractéristique des marquages rencontrés sur le front normand. L'insigne est de petite taille, discret et masqué qui plus est par le filet. Un combattant fier de son unité mais prudent qui garde à l'esprit le danger permanent que représenterait un signe trop visible, cible des snipers. La fine jugulaire en cuir du « liner » est encore en place, ainsi que la jugulaire en toile du casque lourd. Cette jugulaire de toile est passée à travers le filet, ce « bricolage » astucieux garantit la bonne tenue de l'ensemble.

A « TOUGH OMBRE »

Found in Manche, this helmet remained in its original state, as it was when it was left behind in June 1944. A net with small meshes is attached to this heavy helmet. The camouflage breaks the "line" of the headgear and allows to hide the reflections. The sign TO was roughly painted in red, in a sleek style conform to the regulations in place: the vertical bar of the T being lower than the lowest point of the O. The bright red paint is characteristic of the markings met on the Norman front. The insignia is small, discreet, and masked by the net. A proud fighter of this unit, but also aware of the dangers of being too visible, which would make him a target for the snipers. The thin leather chinstraps of the liner are still in place, as well as those of the heavy helmet. These cloth chinstraps go through the net, thanks to a smart craft that maintains it all into place.

10 juin : les « Tough Ombres » découvrent le labyrinthe des haies

June 10: the "Tough Ombres" discover the hedge maze

A l'origine, cette division d'infanterie fut composée d'hommes originaires du Texas et de l'Oklahoma, deux états voisins du sud des Etats-Unis, d'où son emblème constitué des initiales des deux états T et O. En souvenir de ces origines et par un jeu de mot sur les initiales des deux états, la division prendra le surnom de « Tough Ombres », « durs à cuire ».
La 90th Infantry Division (90th ID) débarque dès le 6 juin avec la 4th ID à Utah Beach. La division ne sera au complet que le 9 juin, et dès le 10 juin elle prend part aux combats avec pour mission de consolider la tête de pont tenue par les parachutistes de la 82nd Airborne Division dans la zone de Pont-l'Abbé à l'ouest de Sainte-Mère-Eglise. La division, peu expérimentée, est tenue en échec. Les combats sont difficiles dans cette guerre des haies où chaque talus constitue une menace.
Le matin du 10 juin, deux régiments entrent en action : le 357th qui part de la Fière et le 358th qui progresse à partir de Chef-du-pont au sud. Mais la résistance ennemie est solide et la progression des deux régiments est rapidement stoppée. Le renfort d'un nouveau régiment, le 359th, et l'action décisive des parachutistes de la 82nd Airborne permettront de briser la défense allemande et d'atteindre les objectifs à l'ouest de la rivière Merderet le 12 juin.
Le 13 au matin, le bourg de Pont-l'Abbé est pris et tous les objectifs du jour J de la 82nd Airborne sont atteints... avec une semaine de retard. La 90th Infantry Division installe alors une ligne défensive au nord de Sainte-Mère-Eglise et de Pont-L'Abbé.
Les pertes sont lourdes, et il aura fallu quatre jours aux hommes de la 90th ID pour prendre Pont-l'Abbé. Au terme de cette première bataille le brigadier-général Mac Kelvie est limogé et remplacé par le major-général Landrum.
La bataille de Cherbourg va bientôt commencer.
Pour la 90th infantry Division, ce n'est que le début d'une longue campagne qui se poursuit ensuite dans le sud Manche durant le mois de juillet (opération Cobra), la poche de Falaise en août, l'assaut de Metz en septembre, la Sarre en novembre et enfin la Tchécoslovaquie en avril 1945. Rapatriée en décembre 1945, cette division est dissoute peu après.

At first, this infantry division was composed of men from Texas and Oklahoma, two southern States, hence the initials TO. As a play on words, the unit will take the name "Tough Ombres". The 90th Infantry Division (90th ID) lands on June 6 with the 4th ID on Utah Beach. The division won't be complete until June 9. On June 10, it goes to battle, with the objective of securing the bridgehead held by the 82nd Airborne Division, in the area of Pont-l'Abbé, west of Sainte-Mère-Eglise. The inexperienced division will be held in check. The fights are difficult, in this war where every hedge is a threat. In the morning of June 10, two regiments enter the scene: the 357th, leaving from la Fière, and the 358th, progressing from Chef-du-Pont, to the south. But the enemy resistance is fierce, and the two regiment's progression is quickly stopped. The arrival of reinforcements from a new regiment, the 359th, and the decisive action of the paratroopers from the 82nd Airborne will allow to break the German defence and meet the objectives west of the Merderet river on June 12.
In the morning, on June 13, the village of Pont-l'Abbé is taken, and all the objectives of D-Day of the 82nd Airborne are met. After this first battle, Brigadier General Mac Kelvie is let go, and replaced by Major General Landrum. The battle of Cherbourg will soon begin. For the 90th Infantry Division, it is but the beginning of a long campaign, which then continues in south Manche in July (Operation Cobra), the Falaise pocket in August, the assault of Metz in September, la Sarre in November, and Czechoslovakia in April 1945. Brought home in December 1945, this division will be dissolved a little later.

Un officier de la 90th...

An officer of the 90th ...

Ce sous casque (« liner ») de la 90th Infantry Division a conservé sa peinture d'origine « olive drab » avec son aspect mat. L'insigne de division est peint avec soin en rouge vif. Sous l'insigne de division une barre blanche a été ajoutée pour indiquer qu'il s'agit d'un officier. Petite barre à l'avant et barre de grande taille à l'arrière. Au combat, le « liner » est porté sous le casque lourd, tous ces marquages sont donc masqués. Le « liner » est uniquement porté seul hors combat. Dans ces conditions le camouflage ne devrait pas être un objectif. Mais le danger est permanent, donc les consignes sont appliquées.
Sur chacune des barres blanches (avant et arrière) un « N » au crayon a été discrètement tracé. Peut-être l'initiale de son propriétaire ?

This liner of the 90th Infantry Division kept its original "olive drab" paint. The insignia is painted in bright red. Under the division's insignia, a white stripe was added to indicate the rank of officer. A little stripe is on the front, and a bigger one on the back. In combat, the liner is worn under the heavy helmet, and therefore, those markings were hidden. The liner is only worn by itself outside of combat. In these conditions, camouflage was not an objective. But the danger is always present, and so the rules are applied. On each white stripe (front and back), the letter "N" was discreetly written, perhaps the initial of its owner...

...et un de ses soldats

... and one of his soldier

Cet ensemble complet casque lourd et casque léger (« liner ») illustre parfaitement les codes de marquage de la 90th Infantry Division lors de la campagne de Normandie.
Le casque d'acier, visible au combat, porte un « TO » extrêmement discret, voire quasi invisible à quelques mètres. L'usure et le temps ont estompé le symbole des «Tough Ombres », que seul un œil averti devine désormais.
L'aspect granuleux de la bombe est dû à la présence de liège dans la peinture, avec pour effet de réduire sa brillance, et en théorie au moins de limiter les bruits lors des chocs.
Par contre, le « liner » arbore fièrement le symbole de la 90th. De grande taille, le « O » remonte presque jusqu'au sommet du « T », un dessin assez éloigné des prescriptions règlementaires. On devine encore nettement le dessin préparatoire de la branche supérieure du « T » esquissée au crayon. Un « T » dont les extrémités retombent en pointe, ce qui est une variante courante. L'œillet frontal a été soigneusement contourné.
Le casque lourd présente un jonc en acier inoxydable soudé sur le devant sur lequel toute trace de peinture a disparu. Typique des coiffures américaines du débarquement, ce jonc a pour utilité de couvrir les bords coupants de la bombe, elle-même en acier amagnétique.
Défaut majeur : la peinture adhère très mal, et disparaît rapidement ce qui produit un effet brillant qui nuit au camouflage. Tous les casques américains retrouvés en Normandie présentent cette caractéristique.
Ce métal fut remplacé dès octobre 1944 par de l'acier identique à celui de la bombe, règlant ainsi les problèmes de camouflage.

LE CASQUE AMÉRICAIN, UN CONCEPT RÉVOLUTIONNAIRE !

Un casque en deux parties : le casque lourd en acier et un sous casque en fibres compressées (résine en toile). Au combat le casque lourd s'emboite sur le sous casque léger et confortable. Ce dernier, inspiré par le casque de football américain créé par la société John T. Riddell en 1939 est appelé « liner ». Cela signifie littéralement « doublure ». Les initiatives picturales personnelles s'expriment plus facilement sur le « liner » invisible au combat. Ci-contre un bel exemple de casque lourd discrètement marqué de l'insigne de la 90th division, avec son sous casque également personnalisé de façon beaucoup plus voyante.

THE AMERICAN HELMET, A REVOLUTIONARY CONCEPT

A helmet in two parts: the heavy helmet, and a helmet liner made of compressed fibres (resin-soaked burlap).
In combat, the heavy helmets goes over the liner, which is light and comfortable. The latter, inspired by the American football helmet, created by the company John T. Riddel in 1939, is called "liner".
The personal initiatives in markings are more easily expressed on the liner, invisible in combat.
See here a beautiful example of a heavy helmet discreetly decorated of the insignia of the 90th division, with its liner also customised in a more ostentatious fashion.

This whole ensemble of liner and heavy helmet perfectly showcases the marking codes of the 90th Infantry Division during the Normandy campaign. The steel helmet, visible during combat, wears a very discreet "TO", almost invisible from a few metres. The wear and tear, as well as the time, have blurred the insignia, which is now only detected by the trained eye. The graininess of the shell is due to the presence of cork in the paint, to reduce its shine and, in theory, to reduce the noise during impacts. However, the liner wears proudly the symbol of the 90th. The big "O" almost goes up to the top of the "T", a design quite far away from the instructions. We can still guess the preparatory drawing of the top of the "T", made with a pencil. A "T" whose extremities fall down in spikes, which is a common variation. The front outlet was carefully avoided. The heavy helmet shows a stainless steel seam welded in the front, and all its paint has disappeared. Typical of the American headgears of the landings, this seam is useful to cover the sharp edges of the shell, which was made of nonmagnetic steel. Major flaw: the paint doesn't stick to it, and disappears quickly, which produces a shiny effect that harms the camouflage. All the helmets found in Normandy present this characteristic. This metal was replaced in October 1944 by the same steel used for the shell, to correct this problem.

Le 9 Juin 1944, le 1/175 de la 29th Infantry Division s'empare d'Isigny. (US Army/Heimdal)

On 9 June 1944, 1/175, 29th Infantry Division took Isigny. (US Army/Heimdal)

Thomas, 175th regiment de la 29th

Thomas, 175th regiment of the 29th

Ce liner provient très précisément du lieu-dit la Couronne à l'est du village de Lison. Laissé au fond du fossé longeant le chemin communal menant à la Couronne, il a été ramassé en 1970 par l'auteur. Le 9 juin 1944 à 10h, le 175th régiment de la 29th division US quitte Isigny avec pour objectif de conquérir Lison, à une dizaine de kilomètres au sud-est. En fin d'après-midi, Lison est libéré après de sérieux combats contre les fantassins allemands de la 352ème division d'infanterie. Jusqu'au lendemain les Américains consolident cette position, point d'appui pour avancer en profondeur vers la Vire.
Le fantassin américain s'appelait Thomas. Son prénom (ou son nom ?) est maladroitement gravé sur le devant de la coiffure.

This liner comes from the placed called la Couronne, east of the Lison village. Left in a ditch next to the road joining la Couronne, it was picked by the author in 1970. On June 9 1944, at 10:00 a.m., the 175th regiment of the 29th US division leaves Isigny with the objective of conquering Lison, which is located around 10 kilometres to the southeast. In the late afternoon, Lison is liberated, after some serious fights against the foot soldiers of the German 352nd infantry division. Until the next day, the Americans secure the position, which is an important point in the advance towards the Vire. The soldier's name was Thomas. His first (or last?) name was clumsily written on the front of his helmet.

Un GI portoricain ?

A Puerto Rican GI?

Ce liner a été personnalisé par le soldat Trinidad Bernal qui a également mentionné son matricule sur la bombe.
Les inscriptions à main levée sont maladroitement exécutées, mais heureusement invisibles une fois le casque lourd ajusté.

This liner was customised by the soldier Trinidad Bernal, who also mentioned his ID number on the shell. The hand-painted inscriptions are poorly executed, but were fortunately hidden once under the heavy helmet.

CIPSON, CIPSON, CIPSON,....

Les marquages au pochoir sont souvent rencontrés sur les liners. Des clichés pris quelques jours avant le débarquement témoignent de cette pratique. On y voit parfois un soldat « artiste » devant une pyramide de casques légers en cours de peinture.
Mais répéter cinq fois son nom sur la bombe n'est pas courant. Crainte du vol ? Ego démesuré ? Fétichisme ? Les motivations du soldat Cipson restent mystérieuses.

The stencil markings are often seen on liners. Photos taken a few days before the landings confirm this fact. We sometimes see an "artist" soldier before a pyramid of helmets while painting. But to repeat one's name five time on the shell is not a common practice. Fear of theft? Hubris? Fetish? The motivations of soldier Cipson remain mysterious.

Oublié depuis 70 ans

Forgotten for 70 years

Récemment « exhumé » d'un grenier normand, ce casque américain est resté tel que porté au combat. La jugulaire de toile rabattue sur l'arrière de la bombe pour plus de confort, la peinture du jonc en acier inoxydable en partie disparue laissant apparaitre la brillance du métal.

Singularité : la fine jugulaire en cuir du sous-casque est fixée à demeure à l'intérieur de la coiffure... devenant ainsi totalement inutilisable. La discipline réglementaire passe après le confort en ce printemps 1944.

Aucun insigne, aucune marque distinctive ne viennent personnaliser cette coiffure produite à des millions d'exemplaires.

Recently "exhumed" from a Norman attic, this helmet remained in the state it was when worn during combat. The cloth chinstraps was put on the back of the helmet for added comfort. The paint on the stainless steel seam, partly faded, leaves visible part of its shine. Particularity: the fine leather chinstraps of the liner remained under the headgear... becoming totally unusable. Regulatory discipline comes after comfort in Spring 1944. No insignia, no distinctive mark come to customise this helmet, produced in millions of copies.

La difficile mission de la Military Police

The difficult mission of the Military Police

La mission du « MP » en Normandie : participer à l'orientation des troupes, récupérer les hommes égarés et garantir la fluidité de la circulation des véhicules. A ces missions tout à fait essentielles pour l'acheminement des troupes, s'ajoute la difficile tâche d'éloigner les civils de la bataille.

La bande blanche des « MP Companies », unités indépendantes employées selon les besoins du front, et les initiales « MP » pour « Military Police » ont été peintes à main levée sur cette coiffure. Bien qu'aucune prescription officielle n'existe, les casques lourds portés dans les zones de combat par les « MP » sont ainsi marqués.

The MP's mission in Normandy: participate to the orientation of the troops, find the lost men, and guarantee the circulation flow. Another crucial task is to lead civilians away from the battle. The white band of the "MP Companies", independent units used as needed on the front, and the initals "MP" have been hand-painted on this headgear. Even if there was no particular rule on this matter, the heavy helmets worn in combat zones by the "MP" are marked this way.

Des Coast Guards transfèrent un blessé d'une péniche, sur le Samuel Chase. Notez sur les gilets de sauvetage et les casques, l'inscription USCG. Sur la droite on aperçoit des MP. (US Army/Heimdal)

Coast Guards transfer a wounded from a landing craft to the Samuel Chase. Note the safety vests and the helmets, with the inscription USGC. We can see MPs on the right. (US Army/Heimdal)

10 juin, les « medics » s'apprêtent à rejoindre l'Angleterre

On June 10, the medics are ready to leave for England

Les « medics » de la 101st Airborne ont terminé leur mission. Après les durs assauts contre les Allemands, les hommes du 326th sont regroupés à Sainte-Marie-du-Mont pour leur rapatriement vers l'Angleterre.
Ce liner de type parachutiste porte sur chaque côté une large croix blanche maladroitement tracée. Ce marquage est typique de la « 326th Airborne medical company », unité médicale de la 101st Airborne. Ces hommes ont pour

The medics of the 101st Airborne have completed their mission. After the violent assaults against the Germans, the men of the 326th are regrouped in Sainte-Marie-du-Mont to go back to England.
This paratrooper liner shows a white cross, clumsily painted on each side. This marking is typical to the 326th Airborne medical company, a medical unit from the 101st Airborne. Those men have the mission of evacuating and healing the wounded, but also to sort the dead. They are exposed to the fire just as

rôle de soigner et évacuer les blessés, mais aussi de trier les morts. Ils sont exposés au feu comme leurs camarades et cette croix blanche leur permet en principe de bénéficier d'une protection conformément aux conventions de Genève. Aucun règlement ne précise les caractéristiques de cette identification de neutralité, qui prend généralement la forme d'une croix rouge et non pas blanche comme celle figurant sur ce casque.

much as their comrades, but their white cross technically allow them to benefit from a protection according to the Geneva Conventions. No rule specify the characteristics of this neutrality identification, which generally takes the form of a red cross, not white as the one figuring on the helmet.

Un médecin parachutiste américain allume une cigarette pour un blessé allemand. (D.F./Heimdal)

A US paratrooper medic lights a cigarette for a German wounded. (D.F./Heimdal)

« Help me doc ! »

Les « medics » sont identifiés par un ou deux brassards blancs ornés d'une croix rouge, conformément à la Convention de Genève. Très vite, ces brassards s'avèrent trop peu visibles dans le feu de l'action. Alors, apparaissent la reproduction de la croix rouge sur fond blanc sur le casque, de façon le plus visible possible.

Là encore, les variantes sont multiples et dépendent du talent du propriétaire ou de l'urgence de la situation. L'initiative est individuelle et sans règle.

Le casque présenté appartient à Richard Waden. Il s'agit d'un sous-officier comme le spécifie la barre horizontale blanche à l'arrière de la bombe.

Le dessin choisi est inspiré du contraste entre le fond blanc et le vert de la bombe. L'effet est saisissant et rappelle plus la croix chrétienne que la croix de Genève.

The medics are identified by one or two white armbands, with a red cross, as per the Geneva Convention. Quickly, those armbands are proven not visible enough in the heat of battle. Then, reproductions of the red cross on a white background start appearing on the helmets, as visible as possible. Once again, there are many variations, and depend on the owner's talent, or of the emergency of the situation. There are no rules for individual initiative. The helmet presented here belonged to Richard Waden. He was a NCO, as shows the white horizontal stripe on the back. The chosen drawing is inspired from the contrast between the white background and the green of the shell. The result is striking, and looks more like a Christian cross than the Geneva cross.

Des Medics donnent les premiers soins aux blessés. Mortain début août 1944. (Heimdal Coll)

Medics give first aid to the wounded. Mortain, early August 1944. (Heimdal Coll.)

Les Medics soignent les blessés sur la plage. d'Utah. L'un des infirmiers de la 4th Division (on aperçoit l'emblème de sa division sur sa manche) est allongé sur une civière. (NA/Heimdal)

Medics tend to the wounded on Utah Beach. One of the medic of the 4th Division (we can see the insignia on his sleeve) is lying on a stretcher. (NA/Heimdal)

Un GI bricoleur et peu respectueux des règlements

A crafty GI with a certain disregard for the rules

Ce casque complet, lourd et liner, est parfaitement conservé. Une barre horizontale blanche peinte à l'arrière permet d'identifier un sous-officier. Le marquage individuel réglementaire (initiale du nom – quatre derniers chiffres du matricule) est peint grossièrement à l'intérieur du casque lourd.
Originalité : les attaches de la jugulaire en toile ont étés liées par un fil de cuivre maladroitement ligaturé. Pourquoi ce « bricolage » ? Pour mettre fin au détachement incessant d'une boucle usée ? Peut-être simplement pour assurer une jugulaire portée rabattue sur l'arrière de la bombe comme on l'observe fréquemment sur les photos d'époque. Emploi formellement interdit ! En effet, dans ces conditions le casque est immédiatement perdu en cas de chute. Visiblement le propriétaire n'a eu cure des instructions et a préféré son confort à sa protection.

This whole ensemble, liner and heavy helmet, is in perfect conditions. A white horizontal stripe is painted on the back, allowing us to identify a NCO. The mandatory individual markings (initial of the last name, four last digits of the registration number) are roughly painted inside the heavy helmet. Particularity: the chinstraps have been tied by a copper wire clumsily ligated. Why this arrangement? To maintain a used buckle together? Maybe just to maintain it on the back, as we can often see. Which fas formally forbidden! Indeed, in these conditions, the helmet is immediately lost in case of fall. Clearly, the owner didn't care about the instructions, and preferred comfort to safety.

Le dernier chewing gum

The last chewing-gum

Etrange trouvaille que ce vieux chewing-gum collé au fond de ce casque lourd US. Cette coque découverte dans le Cotentin porte la marque étonnante de son dernier propriétaire. Emblématique du mythe américain, le chewing-gum est arrivé en France durant la guerre 14-18. Attention, ce n'est pas une vulgaire pâte à mâcher ! Le chewing-gum est livré dans la ration K, dite ration de combat. Elle correspond au besoin d'un GI pour un repas. Trois rations permettent au GI de tenir une journée. Wrigley's, Chiclets, Beeman's font la joie des jeunes Normands... à qui il faut expliquer de ne pas avaler cette « confiserie ». Courtland E. Parfet, soldat américain débarqué en Normandie, créera en 1952 la marque Hollywood.

This is quite a strange find, an old chewing-gum was put at the bottom of this US heavy helmet, found in Cotentin. Emblem of the American myth, chewing-gum came to France during the First World war. However, it is more than just a chewing paste! Chewing-gum was featured in the K ration, known as the battle ration. It answers to the need of a GI for one meal. Three rations allow the GI to last one day. Wrigley's, Chiclets, Beeman's... all make the young Normans quite happy, but they need to be explained they're not supposed to swallow this "candy". Courtland E. Parfet, an American soldier landed in Normandy, will create in 1952 the brand Hollywood.

Les « Hussards » du Canada

Le casque réglementaire, avec sa forme d'assiette, ne pouvait être utilisé dans l 'exiguïté des blindés, la visière proéminente ne permettant pas de s'approcher des appareils de visée. Une forme de bombe arrondie a donc été retenue, identique à celle des parachutistes. Ce casque a appartenu à un tankiste canadien en Normandie. Aucun insigne n'est porté sur sa peinture.

THE CANADIAN "HUSSARS"

The regulatory helmet, with its "plate" shape, could not be used in the confined space of the tanks, since the visor was too big to approach the aiming equipment. A rounder shell was adopted, identical to the one used by paratroopers. This helmet belonged to a Canadian tank crew member in Normandy. There are no signs shown on the paint.

11 juin après-midi : combats de chars au Mesnil Patry

Afternoon of June 11: tank fights in Mesnil-Patry

Dans l'après-midi du 11 juin, les Canadiens du Queen's Owns Rifles of Canada de la 3rd Infantry Division affrontent les troupes allemandes de la 12e SS-Panzerdivision au Mesnil-Patry à l'ouest de Caen. En appui de l'infanterie, les chars du 1st Hussars of Canada engagent un combat d'une extrême violence. 37 chars alliés sont détruits et 180 hommes mis hors de combat lors de cette journée dans ce secteur.

Char Centaur montant à l'attaque. (IWM)

Centaur tank before the attack (IWM)

Tankistes canadiens dans les faubourgs de Caen. (PAC)

Canadian tank crew members in the outskirts of Caen. (PAC)

In the afternoon of June 11, the Canadians of the Queen's Owns Rifles of Canada of the 3rd INFANTRY DIVISION face the German troops of the 12th SS-Panzerdivision in Mesnil-Patry, west of Caen. Supporting the infantry, the tanks of the 1st Hussars of Canada engage in an extremely violent combat. 37 Allied tanks are destroyed, and 180 are neutralised on this day in the area.

Le Sapper Bob Cheeseman, motocycliste du RCE, pose pour le photographe. (PAC)

Sapper Bob Cheeseman, RCE motorcyclist, poses for the photographer. (PAC)

Casque d'un sergent motocycliste canadien

Helmet of a Canadian motorcyclist sergeant

Ce casque à la peinture brillante typiquement canadienne porte le grade de sergent sur chacun de ses côtés. Sur le devant, un cadre à fond noir porte le numéro 103. Il s'agit d'un code ne permettant pas d'identifier directement le régiment ou l'unité concernée, et qui nécessite des clés de lecture en lien avec les unités divisionnaires. Malgré les recherches de l'auteur, l'unité d'appartenance n'a pu être déterminée.

L'auteur souhaite à ce propos attirer l'attention du lecteur sur la difficulté que présente l'identification des casques anglo-canadiens. Si les insignes des principales divisions et régiments sont connus, il existe de nombreux cas dont l'interprétation est complexe, voire sujette à discussion. L'auteur présente donc ses identifications avec la plus grande humilité malgré le soin apporté aux travaux préalables à cet ouvrage.

This helmet, with a shiny paint typically Canadian, bears, on each side, the rank of Sergeant. On the front, a frame with a black background wears the number 103. It is a code, and doesn't allow us to identify a particular unit or regiment. Despite the author's research, the unit was not identified. The author wishes to bring the reader's attention on the difficulties of identifying Anglo-Canadian helmets. If the insignias of the main divisions and regiments are known, there are many case when interpreting and identifying the helmets can be a complex and difficult task, sometimes open for debate. The author therefore presents his identifications with the greatest humility, despite the care put in his research previous to this book.

Le casque du « Tommy »

The "Tommy" helmet

Ce casque Mark II est présenté dans la configuration la plus classique rencontrée en Normandie. Il est recouvert d'un filet de camouflage à petites mailles destiné à casser la ligne, et dont la teinte est prévue pour s'adapter au mieux à tous les environnements naturels.

This Mark II helmet is presented in its most classic form, most often met in Normandy. It is covered of a net with small meshes, destined to break the line, and the colour is made to blend in with the natural environment.

La 51st veut prendre Caen

Casque Mark III de la 51St INFANTRY DIVISION BRITANNIQUE « HIGHLAND »

L'insigne posé sur le côté de ce casque du nouveau modèle « Mark III » adopté par l'armée britannique, indique l'appartenance du soldat à la division Highland : au milieu d'un cercle, les lettres H et D, première et dernière lettres du nom de cette région. L'ancien modèle de casque quasiment inchangé depuis la Première Guerre mondiale [surnommé le « plat à barbe »] est peu protecteur sur les côtés. La nouvelle forme adoptée est plus enveloppante et restera en service pendant des décennies. Le soldat a pris soin de camoufler son casque avec un filet kaki à petite maille, très efficace pour briser la ligne du casque. Ce casque a été trouvé sur une « foire à tout » à Bavent, au nord-est de Caen.

THE 51ST WANTS TO TAKE CAEN

MARK III HELMET OF THE BRITISH 51ST INFANTRY DIVISION "HIGHLAND"

This insignia on the side of this new model of helmet adopted by the British army, "Mark III", indicates it belonged to a soldier of the Highland division: inside a circle, the letters H and D, first and last letters of this region. The previous model was almost unchanged since the First World war, and offered little protection on the sides. The new shape surrounds the head better, and remained in use for decades. The soldier camouflaged his helmet with a net, to break the line of the helmet. This helmet was found in a flea market in Bavent, northeast of Caen.

10 au 12 juin : les alliés piétinent toujours devant Caen

June 10 to 12: the Allies are still stalled before Caen

Caen, l'objectif principal du 6 juin au soir résiste toujours. La 185ème brigade de la 51st Infantry Division britannique vient renforcer les commandos de Lord Lovat sur la rive droite de l'Orne, vers Bréville, prise le 13 juin. Les grenadiers de la Wehrmacht contre-attaquent vers Ranville et se heurtent à ces nouvelles troupes ainsi qu'aux parachutistes le 10 juin. Le 11, les Écossais tentent de prendre Cagny, à l'est de Caen. A l'ouest, les combats pour prendre Carpiquet et son aérodrome sont d'une grande violence.

Deux fantassins anglais portant des casques camouflés à l'aide de filets, similaires à celui présenté, examinent un Tiger I portant le numéro « 334 ». (IWM)

Two English foot soldiers wearing helmets camouflaged with nets, similar to the presented piece, examine a Tiger I bearing the number 334. (IWM)

Véhicules de la « 51st Highland Division » en cours d'embarquement à l' « East India Docks » à London, 30 mai 1944. IWM)

Vehicles of 51st Highland Division being hoisted aboard a ship at East India Docks in London, 30 May 1944. (IWM)

Soldats de la « 51st Highland Division » à bord d'une péniche de débarquement en route pour la Normandie, 7 juin 1944. IWM

Troops of 51st Highland Division aboard a landing craft heading for Normandy, reading booklets on France which they were issued before embarkation, 7 June 1944. IWM

Caen, the main objective of June 6 evening, is still resisting. The 185th brigade of the 51st British Infantry Division comes to reinforce Lord Lovat's commandos on the right bank of the Orne, around Bréville, taken on June 13. The Wermacht's grenadiers counter-attack around Ranville, and meet these new troops, as well as the paratroopers on June 10. On June 11, the Scots try to take Cagny, east of Caen. In the west, the fights to take Carpiquet and its aerodrome are terribly violent.

Un « Tommy » imaginatif

An imaginative "Tommy"

Ce casque Mark II est exceptionnel à plus d'un titre : Il porte une peinture de camouflage ocre et verte, dans le style des schémas adoptés pour les véhicules anglais. Il est en outre doté d'un fil de fer sur sa base, retenu par des crochets. L'auteur n'a jamais retrouvé cette association de dispositifs camouflant sur d'autres coiffures anglaises. Cette pièce a été retrouvée en Normandie.

This Mark II helmet is totally unique in many aspects: It has an ochre and green camouflage paint, in the style of the patterns adopted for the English vehicles. It also has barbed wire on its base, maintained by hooks. The author never saw this association of camouflage systems on any other English headgear. This piece was found in Normandy.

Le 26 juin à 7 h 30, le 12 Platoon de la B Company du 6 Royal Scots Fusiliers, unité de la 44th Infantry Brigade, progresse en direction de Saint-Manvieu. (IWM)

7.30 June 26th, the 12 Platoon, B Company, 6 Royal Scots Fusiliers, a unit of the 44th Infantry Brigade progress towards Saint Manvieu. (IWM)

Le damier de la garde écossaise

The chequerboard pattern of the Scots Guards

Ce casque porte fièrement le damier à carreaux rouge, blanc et bleu des troupes écossaises des Scots Guards. Ces couleurs sont très visibles sur le côté du casque et présentent un danger évident pour le « Tommy » (surnom du soldat britannique) qui les arbore. Mais la fierté d'appartenance et l'ancrage des traditions dans l'armée britannique sont des sentiments plus forts pour cette unité à l'historique prestigieux.

This helmet proudly wears the red, white, and blue chequerboard pattern of the SCOTS GUARDS Scottish troops. The colours are clearly visible on both side of the helmet, and are obviously a danger for the "Tommy" (nickname of the British soldier) wearing it. But the pride and tradition in the British army are more powerful for this unit with a prestigious past.

La Military Police veille !

The Military Police watch!

Motards de la police militaire en Normandie (IWM/Heimdal)

CMP (Corps of Military Police) despatch rid in Normandy (IWM/Heimdal)

Les « MP » étaient notamment chargés en Normandie de la surveillance des zones conquises et de la sécurité militaire. Afin d'identifier clairement la police militaire, des attributs spécifiques avaient été adoptés, avec notamment un brassard portant leur sigle. Sur le casque, une bande rouge, visible de tous les côtés, avec sur le devant les lettres MP en rouge sur fond bleu, sont peints. Un soin particulier a toutefois été apporté dans le choix de teintes mates et peu contrastées.

The MPs were charged, in Normandy, of the surveillance in conquered areas, and of military security. To clearly identify the military police, specific attributes were adopted, like the armband bearing its mark. On the helmet, a red band, visible on all sides, and the letters MP on a blue background, are painted. A particular care was put in the choice of colours, matte and with little contrast.

Les bandes de la 49th West Yorkshire

The stripes of the 49th West Yorkshire

Des soldats des Royal Engineers de la 49th (West Riding) Infantry Division progressent vers Cristot. (Heimdal)

Soldiers of the Royal Engineers of the 49th (West Riding) Infantry Division progress towards Cristot. (Heimdal)

Le lieu de découverte de ce casque anglais Mark II laisse penser qu'il a appartenu à un soldat du West Yorkshire de la 49th Infantry Division. En effet, l'insigne de cette unité est constitué de bandes rouges et jaunes alternées. Ici la teinte jaune est représentée par la couleur ocre du casque lui-même. Toutefois l'insigne porté sur le côté du casque pourrait aussi être attribué aux Royal Engineers.

The discovery site of this English Mark II helmet leaves us to believe it belonged to a soldier of the 49th Infantry Division. Indeed, the insignia of this unit is made of alternating red and yellow stripes. Here, the yellow shade is represented by the ochre colour of the helmet itself. However, the insignia on the side could also be attributed to the Royal Engineers.

▲ Le 26 juin, lors du déclenchement de l'opération Epsom, un groupe de soldats du 2nd Battalion The Argyll and Sutherland Highlanders (227 Brigade), précédés de leur Piper, se dirigent vers le front - photo du Sergeant Laing. (IWM)

On 26th June, At the start of Operation Epsom, a group of soldiers from 2nd battalion, The Argyll and Sutherland Highlanders (227 Brigade) in the footsteps of their Piper, move up to the front. Picture by sergeant Laing. (IWM)

Le blanc et rouge des Écossais…

The Scots' white and red…

Ce casque des Argyll and Sutherland Highlanders de la 51st Infantry Division porte un damier identifiant cette unité écossaise. Il apparaît qu'il a été camouflé d'une peinture mélangée à de la sciure de bois pour lui donner un aspect mat, évitant de refléter la lumière. Cela n'a malheureusement pas suffi à le protéger de l'impact d'une balle ou d'un petit éclat qui l'a traversé. L'historique de cette pièce n'est pas connu, même s'il provient du Calvados, à l'ouest de Caen. On ne saura donc jamais si son propriétaire a été blessé ou tué lors des combats, ou si, par miracle, il a pu être épargné.

This helmet of the Argyll and Sutherland Highlanders of the 51st Infantry Division wears a chequerboard pattern identifying this Scottish unit. It seems to have been camouflaged with a paint mixed with sawdust, to bring a matte finish, and avoid reflecting light. This unfortunately wasn't enough to protect the owner from the bullet, or small shrapnel, that pierced it. We do not know the history of this piece, even if it comes from Calvados, west of Caen. We will never know if the soldier wearing it was killed, wounded, or if he was spared miraculously.

...le rouge et blanc des Canadiens.

... and the Canadians' white and red.

Soldats du « Calgary Highlanders » lisant le journal « Maple Leaf », Caen le 28 juillet 1944. IWM

Personnel of the Calgary Highlanders reading the first issue of the Maple Leaf newspaper , Caen, 28 July 1944. IWM

Ce régiment débarque le 6 juillet 1944. Il est intégré à la 2nd Canadian Infantry Division. En juillet 1944, la "5th Brigade" à laquelle les "Highlanders" appartenaient reçut l'ordre de se diriger au sud de l'axe Caen-Flers, un des objectifs de la traversée de l'Orne (la rivière) de l'opération "Atlantic".

Bien que le régiment des "Highlanders" ait engagé le combat postérieurement au 14 juin 1944, l'auteur a souhaité présenter cette coiffure pour illustrer la complexité des insignes de coiffures anglo-canadiennes. Ce casque canadien Mark II présente un damier comparable dans sa forme au précédent, mais avec des couleurs inversement disposées. Différents éléments, dont son fabricant, nous amènent à l'attribuer aux forces canadiennes, et certainement à un soldat du régiment des « Calgary Highlanders ».

On the 6th July 1944, this regiment has landed . It was integrated to the 2nd Canadian infantry division.

In july 1944, the 5th Brigade, to which the Highlanders belonged, recieved the order to move south along the Caen-Flers highway. It was one of the objective of the Orne River crossing during Operation ATLANTIC .

Although the regiment of «Hignlanders» was engaged in combat after the 14th of June 1944, The author wished to present this helmet to illustrate the complexity of the badges used by the English and the Canadians.

La Flak contre les chasseurs alliés

Ce casque allemand modèle 1935 camouflé à deux insignes provient des environs d'Aunay-sur-Odon. Il présente un camouflage souvent rencontré en Normandie, avec une prédominance ocre. Lors de l'apposition de cette peinture, un soin particulier a été apporté afin de ne pas recouvrir totalement les deux insignes, l'aigle aux ailes déployées de la Luftwaffe à gauche et, ce qui est plus rare, l'insigne de nationalité à droite. Encore plus surprenant, la peinture a été réalisée alors qu'une bande, probablement taillée dans une chambre à air, était positionnée sur la bombe de la coiffure. Cette bande a disparu depuis, laissant une trace nette sur le pourtour. Le soldat a inscrit son nom dans son casque, ainsi que son numéro de « feldpost », secteur postal permettant d'identifier et localiser l'unité. Cette indication est rare dans les casques et présente un intérêt historique évident. Il n'est malheureusement pas possible d'en lire clairement les chiffres, le temps ayant fait son œuvre.

THE FLAK AGAINST THE HUNTERS

This model 1935 camouflaged German helmet with two insignias come from the surroundings of Aunay-sur-Odon. It presents a camouflage often met in Normandy, with ochre as the main colour. When it was painted, a particular care was given, to make sure the two insignias weren't totally covered, the spread eagle of the Luftwaffe on the left, and, which is less common, the nationality insignia on the right. Even more surprising, the paint was applied while a stripe was on the shell. This stripe has disappeared, leaving a clear mark on the periphery. The soldier wrote his name, as well as his "feldpost" number, postal sector allowing to locate and identify the unit. This indication is rarely in the helmets, and presents an obvious historical interest. The numbers are sadly difficult to read, because of the passage of time.

12 juin 6h30 : un déluge de bombes ravage Aunay-sur-Odon

June 12, 6:30 a.m.: A flood of bombs ravages Aunay-sur-Odon

Montgomery a donné l'ordre aux bombardiers de la Royal Air force de bombarder Aunay-sur-Odon dès l'aube, afin de lever le blocage de ce nœud routier. Cent civils seront tués ou blessés pendant l'opération. Les avions de chasse de l'armée de l'air allemande apparaissent sporadiquement dans le ciel normand mais ne représentent un véritable danger ni pour les bombardiers alliés ni pour les troupes au sol. La FLAK (défense anti-aérienne), dépendant de la Luftwaffe, est par contre redoutée. Bien formée et armée de matériels performants, elle va s'opposer aux bombardiers, aux avions de chasse, mais aussi aux blindés alliés, grâce au fameux canon de 88mm, capable de percer le blindage de tous les chars existants.

Montgomery ordered the bombers of the Royal Air force to bomb Aunay-sur-Odon at dawn, to remove the blockade of this road junction. A hundred civilians will be killed or wounded during this operation. The fighters of the German Air forces sometimes appear in the Norman sky, but don't represent a danger for the Allied bombers, nor for the ground troops. The FLAK (air defence), depending on the Luftwaffe, is, however, feared. Well trained, and equipped with powerful materials, it will oppose the bombers, fighters, but also the Allied armoured vehicles, thanks to the famous 88 mm gun, able to pierce the armour of all tanks.

Shermans en avant !

On devine encore l'insigne des divisions blindés, ainsi que la barre verticale d'officier sur le devant de ce casque. Les troupes blindées sont dotées d'un casque spécifique (voir illustration page 178) adapté aux conditions exiguës qui règnent à l'intérieur des blindés. Hors du véhicule les hommes portent également le casque lourd « classique » tel celui présenté.

SHERMANS FORWARD!

We can still guess the armoured divisions insignia, as well as the vertical stripe identifying officers, on the front of this helmet. The armoured troops often wear a specific helmet (see the illustration on page 178) adapted to the confined space inside the tanks. When outside of their vehicle, men also wore the "classic" heavy helmet, as the one presented above.

Les haies du bocage bloquent la progression des blindés

The hedges block the armoured vehicles advance

L'insigne des « armored force » est soigneusement apposé sur ce casque : le jaune de la cavalerie, le bleu de l'infanterie et le rouge de l'artillerie, les trois composantes de l'arme blindée américaine. Aucun numéro n'a été tracé, ce qui indique très certainement une unité indépendante de « tank battalion » affectée aux divisions d'infanterie au gré des besoins.
Sous l'insigne des unités blindées figure la barre blanche de lieutenant.
Ce casque était porté par un homme de de ces « tank battalions » qui participèrent sans relâche aux combats des premières semaines du débarquement de Normandie aux côtés des divisions d'infanterie US.
Abandonnée dans le Bessin, cette coiffure appartenait peut être au 743rd Tank Battalion l'un des trois "battalions" qui débarquèrent avec les premières vagues d'assaut à Omaha Beach.
Le 14 juin, ce qui restait de l'unité fut rattaché aux 29th Infantry Division, 1st Infantry Division, 30th Infantry Division, et 3rd Armored Division.
L'armée américaine était fortement mécanisée, contrairement à l'armée allemande dont les troupes mélangeaient des unités blindées aguerries et des unités encore dotées de chevaux.

Autoblindé AM 8. Les garde-boue ont été retirés pour mieux circuler en tout terrain. On remarque sur le glacis avant le code 44883 correspondant au code d'embarquement d'Overlord du 4th Cavalry Squadron Troop B. (NARA.)

An M 8 armored car, the mudguards were removed for a better off-road performance. The code 44883 corresponds to the code of boarding of Overlord of the 4th Cavalry Squadron Troop B. (NARA).

The armoured forces insignia is carefully applied on this helmet: yellow for the cavalry, blue for the infantry, and red for artillery, the three branches composing the American armoured forces. No number was applied, which most certainly indicates an independent tank battalion unit, affected to the infantry divisions when needed. Under the armoured units insignia, there is the white stripe of the lieutenant. This helmet was worn by a man from these tank battalions, who participated fiercely in the fights of the first weeks of the Normandy landings, next to the US divisions.
Abandoned in Bessin, this helmet might have belonged to the 743rd Tank Battalion, one of the three battalion who landed with the first assault waves on Omaha Beach. On June 14, what remained of the unit was attached to the 29th Infantry Division, 1st Infantry Division, 30th Infantry Division, and 3rd Armored Division. The American army was strongly mechanised, contrarily to the German army whose troops mixed seasoned armoured units and units still equipped with horses.

Inspiré du base-ball !

Le casque de tankiste américain est d'un modèle spécifique inspiré des casques de base-ball américain. Sa bombe est en fibre vulcanisée (ressemblant à du carton) très légère et aérée par dix orifices. Il est ainsi adapté aux conditions très difficiles de manœuvre à l'intérieur des blindés.

Hors du char, et en zone de combat, il peut être recouvert de la coque standard en acier pour garantir une protection contre les tirs.

INSPIRED FROM BASEBALL !

This tank crew American helmet is a specific model inspired from American baseball. Its skullcap is made of vulcanised fibre (almost like cardboard), is very light, and ventilated by ten holes. It is therefore adapted to the harsh conditions inside the tank. Outside the vehicle, and in combat zones, it can be covered by the standard steel shell, to guarantee a protection against fire.

13 juin, la « 2nd Armored Division » repousse la contre-attaque allemande sur Carentan

June 12, the "2nd Armored Division" repels the German counter-attack in Carentan

Débarquée à Omaha Beach le 9 juin la 2nd Armored Division surnommée « hell on wheels » (l'enfer sur roues) est la première division blindée US débarquée en Normandie. Elle est envoyée depuis Isigny-sur-Mer vers Carentan dès le 13 juin pour appuyer les troupes aéroportées et l'infanterie, qui repoussent la contre-attaque de la 17e Panzerdivision « Götz von Berlichingen » sur Carentan.
Ensuite la division participera tout le mois de juin à la guerre des haies pour la conquête du sud Manche. Fin juillet la division anéantira les Allemands pris au piège dans la poche de Roncey, dans des combats très meurtriers notamment contre les éléments de la 2. SS-Panzerdivision « Das Reich ».

Une auto-mitrailleuse M8 de la « 2nd Armored Division » entre dans Canisy. Juillet 1944 (US Army / Heimdal)

An M8 armoured car of the 2nd Armored Division enter a Norman village, in Canisy. (US Army/Heimdal)

The 2nd Armored Division, nicknamed "hell on wheels", is the first US armoured division to land in Normandy. It is sent from Isigny-sur-Mer towards Carentan on June 13, to support the airborne and infantry troops, who repel the counter-attack of the 17th Panzerdivision "Götz von Berlichingen" in Carentan. Afterwards, the division will participate for the remaining of June to the hedge fights for the conquest of south Manche. In the end of July, the division will annihilate the Germans trapped in the Roncey pocket, in deadly fights, especially against the 2. SS-Panzerdivision "Das Reich".

Le casque camouflé de l'Obergefreiter Günther, de la Luftwaffe

Ce casque provenant de Haute-Normandie pourrait avoir participé aux efforts de la Flak de la Luftwaffe le 14 juin pour contrer le bombardement des forces navales allemandes de la Baie de Seine.

Il porte une peinture camouflée épaisse, mêlée à de la « Zimmerit », produit amagnétique recouvrant les blindés afin d'éviter que des charges creuses puissent y être aimantées.

Fait rare, le soldat a inscrit une partie de son matricule, son grade, son nom et son numéro de feldpost (secteur postal), malheureusement partiellement illisible.

THE LUFTWAFFE IN ACTION

Camouflaged helmet of Obergefreiter GÜNTHER, of the Luftwaffe

This helmet coming from Upper Normandy might have participated to the Luftwaffe Flak efforts, on June 14, to counter the bombing of the German naval forces in the "Baie de Seine" (Bay of the Seine river). It wears a thick camouflage paint, mixed with "Zimmerit", a nonmagnetic product used on armoured vehicles, to avoid shaped charges to be attracted by them.

Rare feature, the soldier wrote part of his registration number, his rank, his name, and his "feldpost" number (postal area), but sadly, some parts are illegible.

14 juin : la Royal Air Force détruit la flotte allemande en Baie de Seine

June 14: the Royal Air Force destroys the German fleet in the Baie de Seine

500 bombardiers de la RAF décollent d'Angleterre vers le Havre. La défense anti-aérienne allemande n'a plus les moyens suffisants pour s'y opposer efficacement. En quelques heures, les navires à quai ou à proximité sont détruits. La Kriegsmarine n'existe plus en Baie de Seine. Les alliés ont dorénavant la maîtrise du ciel et de la mer.

Dans la journée, le Général De Gaulle débarque près de Courseulles et se rend ensuite à Bayeux, où il posera les fondations d'une nouvelle République pour la France.

Dans le secteur de Tilly-sur-Seulles et de Villers-Bocage, les combats sont encore acharnés pour la prise de ces nœuds routiers. Le 13 juin, Michael Wittmann, l'as des blindés allemands a détruit une colonne britannique, sauvant ainsi les unités de la division blindée Panzer Lehr d'un encerclement dévastateur. Wittmann trouvera bientôt la mort à Cintheaux, au sud de Caen. Dans la nuit, les bombardiers alliés vont déverser un tapis de bombes sur Villers Bocage, sans réussir à briser la résistance allemande qui se maintiendra là plusieurs semaines.

La première phase décisive de la bataille de Normandie prend fin cette journée du 14 juin. Même si les alliés n'ont pas atteint tous leurs objectifs, ils ont totalement sécurisé les têtes de pont. Grâce à une stratégie audacieuse, un commandement unifié, une force industrielle rationnalisée, une logistique remarquable et des troupes motivées et bien entraînées, ils ont posé la première pierre de la libération de l'Europe et de l'élimination du régime nazi.

500 bombers of the RAF take off from England towards the Havre. The German air defence can no longer afford to oppose them efficiently. In a few hours, the ships docked or in the vicinity are destroyed. The Kriegsmarine no longer exists in Baie de Seine. During the day, General De Gaulle lands near Courseulles, and then goes to Bayeux, where he will set the foundations of a new Republic for France. In the Tilly-sur-Seulles and Villers-Bocage area, there are still ferocious fights for the control of this road junction. On June 13, Michael Wittman, the ace of German armoured, has destroyed a British column, thus saving the units from the armoured division Panzer Lehr from a devastating encirclement. Wittman will soon after meet his death in Cintheaux, south of Caen. During the night, the Allied bombers will drop a torrent of bombs on Villers-Bocage, without breaking the German resistance, who will remain there for many weeks. The first decisive phase of the Battle of Normandy ends on this day, June 14. Even if the Allies haven't met all their objectives, they totally secured the bridgeheads. Thanks to a bold strategy, a united command, a rationalised industrial force, a remarkable logistic, and well trained motivated troops, they made the first step towards Europe liberation, and the elimination of the Nazi regime.

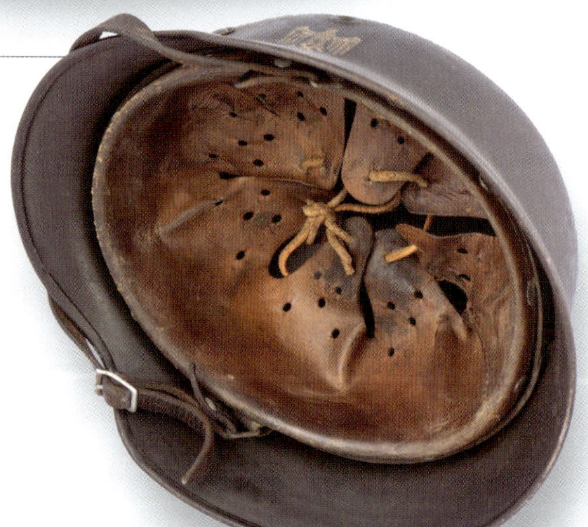

L'aigle doré de la Kriegsmarine

The Kriegsmarine's golden eagle

Au Havre, 50 navires de combat de la marine allemande sont détruits le 14 juin. Ce casque du modèle 1940 porte un écusson représentant un aigle doré sur fond noir spécifique aux troupes de la Kriegsmarine. Le soldat a inscrit son nom, H. Rüger, sur le cuir intérieur.

In the Havre, 50 German combat ships are destroyed on June 14. This model 1940 helmet bears an insignia depicting a golden eagle on a black background, typical of the Kriegsmarine. The soldier wrote his name, H. RÜGER, on the leather interior.

Le règlement de 1943 non respecté

The 1943 rule is not obeyed

Ce casque allemand modèle 1935 porte les deux insignes réglementaires de la Wehrmacht, ce qui est interdit par le règlement depuis 1943. Il a été conservé dans son état d'origine. Il fut découvert à proximité de Villers-Bocage dans les années 80.

This model 1935 German helmet wears the two regulatory insignias of the Wehrmacht, which is forbidden since 1943. It was kept in its original state. It was discovered near Villers-Bocage in the 80's.

L'hommage des camarades

Homage to the comrades

Le soldat de la Waffen-SS qui portait ce casque a été tué dans le Calvados. Selon la tradition militaire, son casque avait été posé sur sa tombe par ses camarades lors de l'inhumation. Le côté gauche a été frappé par une balle ou un éclat d'obus qui a emporté une partie de l'acier. Il est fort probable que cet impact fut fatal. Resté longtemps posé sur la sépulture, le casque s'est détérioré. L'écu de la Waffen-SS reste cependant bien visible. Le nom du soldat peint à l'intérieur est malheureusement à peine discernable.

The soldier from the Waffen-SS who wore this helmet was killed in Calvados. According to military tradition, his helmet was laid on his grave by his comrades during the burial. The left side was hit by a piece of shrapnel, and it took part of the steel. The impact was likely fatal. Since it stayed for a long time on the grave, the helmet has deteriorated. The insignia of the Waffen-SS remains however clearly visible. The name of the soldier, painted inside, is sadly barely visible.

Du front russe aux plaines de la Normandie

From the Russian front to the Norman plains

Lorsque les dirigeants nazis comprennent que le débarquement n'aura pas lieu dans le Pas de Calais, comme les alliés ont réussi à le faire croire, ils vont déplacer au plus vite des divisions ayant combattu sur le front de l'Est vers la Normandie. Ce casque modèle 1940, trouvé à Loucelles sur la RN 13 entre Caen et Bayeux au début des années 80, porte plusieurs couches de peinture successives. Sous la dernière peinture gris-vert, on distingue parfaitement une couche blanche, posée durant l'hiver russe pour s'intégrer à un environnement neigeux.

When the Nazi commanders understand that the landings won't take place in Calais, like the Allies made them believe, they will quickly send divisions having fought on the Eastern front to Normandy. This model 1940 helmet, found in Loucelles, on the RN 13 between Caen and Bayeux, wears many successive layers of paint. Under the last grey-green coat, we can clearly see the remains of a white coat, applied during the Russian winter to blend in in a snowy environment.

Préservé du temps dans un grenier de Lingèvres

Shielded from the weather in an attic in Longèvres

Ce casque allemand de la Wehrmacht à l'aspect très classique a la particularité d'être recouvert d'une peinture très mate et d'avoir conservé un insigne parfaitement préservé du temps. Il est resté 40 ans à l'abri de la lumière dans un grenier normand à Lingèvres, près de Tilly-sur-Seulles. Les marques laissées par quelques gouttes d'eau tombant de la toiture sont visibles.

This German helmet from the Wehrmacht with a very classic look has the particularity of being covered with a very matte paint, and to have kept a remarkably preserved insignia. It stayed for 40 years in a Norman attic in Lingèvres, near Tilly-sur-Seulles, protected from light. The marks left by a few rain drops coming from the roof are visible.

Le trophée, souvenir des jours sombres

The trophy, souvenir of the dark days

Ce casque allemand modèle 1940 illustre l'attitude des Normands face à la libération de leur région. Eternellement reconnaissants aux alliés de les avoir débarrassés du régime nazi, de très nombreuses familles ont conservé une ou des reliques de cette époque, afin de ne jamais oublier les souffrances endurées, ni la joie d'être libérés par de jeunes soldats venus verser leur sang en Normandie. Le trophée, souvent trouvé à proximité, était ainsi accroché en bonne place dans la salle commune ou dans les dépendances. Ce casque muni d'une ficelle agricole a très longtemps été suspendu à une poutre dans une habitation de la région de Bayeux.

This model 1940 German helmet showcases the attitude of the Normands about the liberation of their territory. Forever grateful to the Allies of freeing them from the Nazi regime, many families kept relics from this era, to never forget the sufferings endured, nor the joy of being liberated by young soldiers, who came and spilled their blood in Normandy. The trophy, often found nearby, was then suspended in the common room, or in the outbuildings. This helmet with agricultural twine was suspended for a long time from a beam in a house from the Bayeux area.

Le 14 juin... les alliés sont enfin aux portes de Caen !

June 14... the allies are finally near Caen!

Des Glengarrians du Stormont, Dundas and Glengarry Highlanders de la 3rd Canadian Infantry Division prennent un repas sur les quais de la gare de Caen, 19 juillet 1944. (IWM)

Personnel of Glengarrians du Stormont, Dundas and Glengarry Highlanders of the 3rd Canadian Infantry Division, Caen's railway station, 19 July 1944. (IWM)

Ces trois soldats britanniques posent devant le panneau Caen. L'objectif sera enfin atteint, 33 jours après la date initiale. (PAC)

These three RCE soldiers, Bernard Hoo, John Mac Conville and R.J. Kostick strike a pose in front a Caen road sign. The objective has been seized, 33 days after the initial time. (PAC)

Le blouson anglais de Raymond

Raymond avait 17 ans en juin 1944. Comme tous les jeunes Normands, il fut ébloui par les cigarettes, le chocolat, le whisky, les blousons à la coupe sportive... Après tant d'années de pénuries et de marché noir, un monde nouveau s'ouvrait ! Alors il récupère les débris laissés par l'armée allemande : caisses métalliques, jerrycans, outils... Tout est bon pour reconstruire le quotidien. Il marchande avec les libérateurs pour obtenir du chocolat, des treillis pour le travail à l'usine. Début 1945, la vieille moto a été remise en route. Raymond pose fièrement au côté de sa sœur Madeleine. Il est fier d'avoir récupéré un magnifique blouson anglais d'équipage de bombardier. Raymond est mort en 1948, lui aussi victime des combats, mais cette fois dans l' « après-guerre » en Algérie. Le blouson est resté des dizaines d'années accroché dans le garage. Il n'a jamais été porté depuis.

Raymond's English jacket

Raymond was 17 in June 1944. Like all the young Normans, he was blown away by the cigarettes, chocolate, whisky, and sport jackets... After so many years of shortages and black market, a new world was emerging. Thus, he took the junk left behind by the German army: metal crates, jerrycans, tools... All is good to rebuild daily life. He trades with the liberators to get chocolate, military fatigues for factory work. Raymond proudly poses next to his sister Madeleine. He is proud to have obtained a beautiful English bomber jacket. Raymond died in 1948, he too, was a victim of war, but this time, in Algeria. The jacket remained hanging in the garage for many decades. It was never worn since Raymond's death.

Réflexions pour le lecteur

Lors d'un voyage à New York en 2015, depuis mon taxi, j'ai aperçu une scénographie étrange composée de dizaines de casques décorés, suspendus dans une immense vitrine. L'exposition de Cindy Kane à Flatiron Prow Art Space dans Manhattan : **The Helmet Project Installations**.

Il y a d'abord l'esthétique de l'œuvre qui interpelle, les couleurs vives, le graphisme, puis le support que l'on découvre ensuite : des casques d'acier portés par des soldats américains sur des conflits « contemporains ».

Chaque casque porte les notes et témoignages d'un reporter de guerre, retraçant ses expériences personnelles. Cindy Kane rend hommage aux correspondants de guerre, elle évoque la brutalité des combats, la souffrance, les disparitions.

Et moi dans ce livre, quelle histoire ai-je raconté ? Derrière l'objet, j'ai cherché l'histoire des hommes et de leur parcours personnel lors du débarquement de Normandie, celle de la violence des combats.

Thoughts to the reader

During a trip in New York in 2015, I glimpsed, from the cab I was in, a strange scenography composed of tens of decorated helmets, suspended in a huge shop window. It was the Cindy Kane exhibition at Flatiron Prow Art Space in Manhattan: The Helmet Project Installations.

At first, there was the aesthetic of the work, the bright colours, the style and the media that we discovered: helmets that have been worn by American soldiers during contemporary conflicts.

In this installation, every helmet wears the note and the testimony of a war reporter, telling his personal experiences. Cindy Kane pays tribute to those correspondents by evoking the brutality of the combats, pain and death.

Derrière ces coiffures devenues « objets oubliés », il y a pour qui sait les faire parler, la trace des hommes, le témoignage d'un itinéraire, d'un vécu, d'émotions : l'expression d'histoires.
Bien évidement nos démarches sont différentes, mais je suis heureux de proposer au lecteur cette perspective artistique engagée mettant en scène le même support qui m'a inspiré pour ce livre : le casque. Je vous invite donc à visiter le site de Cindy Kane et à découvrir son œuvre.
Je remercie très sincèrement Cindy Kane qui a porté un regard curieux et intéressé sur ce livre, et qui suite à nos échanges a estimé que l'évocation de son œuvre « The Helmet Project Installations » pouvait y trouver une place. Certainement pour nous rappeler à tous le lourd tribut payé par les reporters de guerre au cœur des conflits d'hier et d'aujourd'hui et de leur indispensable témoignage.

Charles Stiri

What is the story I have to tell in this book? Behind the object, I searched for the story of men and the experiences they have been through during the Landing of Normandy, especially the violence of the combats.
Behind those hairstyles, which became forgotten objects, lies the memories of men, their life stories and their emotions.
I sincerely thank Cindy Kane for her interest and for considering that, following our discussions, her work « The Helmet Project Installations » could find a place in this book. Certainly, in order to remind us the heavy toll that the war reporters have to pay during conflicts -past and present- and the absolute necessity of their testimony.

Charles Stiri

www.cindykane.com/helmets.html

Cinquante casques en aciers accrochés au plafond juste en-dessous du niveau des yeux, en configuration de cercles. Ils sont suffisamment espacés les uns des autres pour permettre aux visiteurs de les contourner afin de mieux les observer. Chaque casque est recouvert d'inscription originales et manuscrites, écrites par des correspondants étrangers. Les écritures sont partiellement lisibles sous les différentes cartes peintes et les autres iconographies. Cependant, la lisibilité n'est pas si importante au regard de l'authenticité de ces inscriptions qui, dans certains cas, ont même été préservées durant des décennies. Le sentiment général que l'on peut avoir lorsqu'on visite cet espace est un sentiment de réflexion. Ces casques ont été utilisés lors de batailles et ces notes écrites par des journalistes témoignent du désespoir de soldats, piégés au cœur de la guerre, de la pauvreté et de l'oppression politique. En fin de compte, le visiteur est entouré de casques témoignant ainsi de la quête journalistique de recherche de vérité. En ce sens, ces casques honorent leur habilité à nous rapporter les histoires et les faits relatifs aux divers endroits assiégés et conflits dans le monde.

« La mémoire est le journal intime de l'âme »

Richard Schickel

Fifty steel helmets hang from the ceiling just below eye level in the configuration of a circle. They are spaced far enough apart for a person to walk through the circle and examine them intimately. Each helmet is covered with the original handwritten notes of foreign correspondents. The text is partially legible beneath the painted maps and other iconography, but the legibility is not as important as the authenticity of the notes, which in some cases have been saved for decades by the journalists who wrote them. The overall feeling as one walks through the space is one of reflection. The helmets have been used in battles, and the journalists' notes record the despair of people trapped by war, poverty, and political oppression. Ultimately, the helmets encircle the visitor in the journalists' quests for truth, honoring their ability to bring us stories from embattled places on the earth.

"Memory is the personal journalism of the soul."
Richard Schickel

Helmet Contribution:
Original letters, stamps and envelopes from Bryant to his mother in West Tisbury. Ma. dated 1944, informing her of his injuries in Normandy, 82nd Airborne patch.

Nelson BRYANT

« Mes souvenirs, en tant que soldat du 508ème régiment d'infanterie parachutiste (82nd Airborne Division), lors du débarquement du D-DAY en Normandie il y a 60 ans, sont assez fragmentés.
Les images se forment, disparaissent et se reforment ensuite. Mais à l'approche du 6 juin, elles reviennent et sont particulièrement nombreuses. J'ai toutefois un souvenir du D-Day qui lui ne s'éteint pas. Mon unité stationnait alors au parc de Wollaton, juste en dessous du château de Nottingham en Angleterre. Quelques semaines avant le 6 juin, un ami résident de Martha's Vineyard, Fred B. Morgan jr, fit son apparition à notre camp. Il était venu me souhaiter bonne chance et me donner une idée de ce qui m'attendait là-bas. Quelque chose pour lequel il semblait avoir été éminemment qualifié du fait de sa participation à des combats au sein du 505ème régiment d'infanterie en Sicile et à Salerno. C'était, par ailleurs, étrangement plaisant pour moi, après plusieurs années d'après-guerre passées dans divers endroits , de revenir à Martha's Vineyard et de retrouver nos villes d'origines, Edgartown pour lui et West-Tisbury pour moi. Quand, vers 2h30 du matin le D-DAY, je m'avançais brusquement vers la porte d'un C-47 cahotant qui volait à basse altitude au-dessus de la campagne normande, je me souviens, avant même que mon parachute ne s'ouvre et ne m'éjecte en l'air, des arcs de balles traçantes qui fusaient en ma direction. Et c'est avant d'atteindre le sol que j'entendis pour la première fois, le son déchirant des mitrailleuses automatiques allemandes. »

"My memories of jumping into Normandy with the 508th Parachute Infantry Regiment of the 82nd Airborne Division on D-Day 60 years ago are fragmented.
Recollections form, fade and reform, and as June 6th nears there are a flood of them.
I do have a pre-D-Day memory that never fades. My unit was stationed at Wollaton Park just below Nottingham Castle in England, and a few weeks before June 6, a fellow resident of Martha's Vineyard, Fred B.Morgan, Jr. appeared in camp. He was there to wish me well and to give me an idea of what lay ahead, something for which he was eminently qualified, having already made combat jumps with the 505th Parachute Infantry Regiment into Sicily and Salerno. It is strangely pleasing to me that after many post-war years of living elsewhere, we both returned to the Vineyard and our hometowns, he to Edgartown, I to West Tisbury.
When at about 2:30 am on D-Day I lunged out the door of a jouncing C-47 that was flying low over the Normandy countryside, I recall that — even before my chute snapped open and yanked me upright — lazy arcs of tracer bullets were curving up at me, then hurtling past. And before I reached the ground I heard for the first time the tearing snarl of sound made by fully-automatic German machine pistols."

Bibliographie indicative

Indicative bibliography

Eric Lefevre, Normandie 44 les panzers, Heimdal, 1978, 154 pages.

Georges Bernage, album Mémorial Overlord, Heimdal, 1993, 544 pages.

Jean Pierre Benamou, Normandie 1944 guide du champ de bataille, Heimdal, 1982, 192 pages.

Paul Carell, Ils arrivent !, Editions Taillandier, 2011, 328 pages.

Général Jean Compagnon, 6 juin 1944 Débarquement en Normandie, Editions Ouest-France, 2011, 160 pages.

Georges Bernage, Les plages du Débarquement – le guide, Heimdal, 2014, 128 pages.

Georges Bernage et Dominique François, Ste-Mère-Eglise Utah Beach Ste-Marie-du-Mont, Heimdal, 2014, 168 pages.

Stéphane Simonet, Chronographie du Débarquement et de la Bataille de Normandie, Editions Ouest-France, 2014, 204 pages.

Pierre Besnard, Les insignes de l'U.S. army 1941-1945, Histoire & Collections, 2013, 82 pages.

Benoit Rondeau, Les divisions du Débarquement, Editions Ouest-France, 2014, 192 pages.

Yann Magdelaine, Atlas du Débarquement, Editions Ouest-France, 2012, 104 pages.

Mark A. Reynosa, The M-1 helmet, Schiffer Military History, 1996, 112 pages.

Philippe Trombetta, Formation Badges, OREP Editions, 2008, 48 pages.

Michel De Trez, les casques de parachutistes américains, Histoire & Collections, 2010, 272 pages.

Georges Bernage, Normandie album mémorial, Heimdal, 2011, 528 pages.

Jonathan Gawne, Jour-J à l'aube, Histoire & Collections, 1999, 288 pages.

Régis Viard et Frédéric Blais, le casque M1, Histoire & Collections, 2007, 192 pages.

Henri-Paul Enjames, Government Issue tome 1, Histoire & Collections, 2003, 272 pages.

Henri-Paul Enjames, Government Issue tome 2, Histoire & Collections, 2008, 272 pages.

Jean De Lagarde, Soldats allemands de la seconde guerre mondiale, Histoire & Collections, 1994, 128 pages.

Jean Bouchery, Le canadien de la libération, Histoire & Collections, 2003, 160 pages.

Magazine 39-45 Historica : n°58 7 juin 1944 Les Canadiens face à la Hitlerjugend, n°68 Omaha Beach 6 juin 1944 à l'aube, n°74 Normandie 1944 Gold Juno Sword ,n°75 Normandie 6 juin 1944 débarquement sur Sword Juno et Gold Beach, n°76 1944 US Army en Normandie, n°77 Normandie 1944 Unités britanniques et canadiennes dans la bataille,

Magazine Normandie 1944 : n°5 Le régiment de la Chaudière débarque ! , n°9 le Général Gale sur le front / l'US Coast Guard acteur méconnu du jour J, n°10 Villers-Bocage autopsie d'une bataille, n°11 82nd Airborne Division, n°12 Tigres à Evrecy !, n°13 D-Day : la A Troop et la section K-Gun du n°4 Commando en action, n°14 le 5 Royal Berkshire Regiment à Bernières-sur-Mer, n°15 Villers Bocage Hitlerjugend, n°16 Les succès des panzers de la Hitlerjugend.

REMERCIEMENTS

L'auteur remercie ceux qui l'ont accompagné et aidé dans la réalisation de cet ouvrage. En particulier, Charline pour les photos des objets, Pascal pour la conception et la mise en page, Charles pour le prêt des appareils photos, Cindy Kane pour l'intérêt porté à cet ouvrage et ses encouragements, Jean-Guillaume pour sa participation aux traductions, Anne et Isabelle pour leurs précieux conseils, ainsi que Georges et Ghislain des Editions Heimdal.

Achevé d'imprimer sur les presses de Drogowiec à Kielce (Pologne) pour le compte des Editions Heimdal à Damigny / Normandie (France), Georges Bernage, éditeur, en juillet 2016.